L'enjeu féministe des retraites

Couverture de Clara Laspalas

L'enjeu féministe des retraites

Christiane Marty

La Dispute

Remerciements

Cet ouvrage a bénéficié de la relecture attentive et des critiques de Pierre Khalfa, ainsi que, pour les éditions La Dispute, d'Alexis Cukier et de Danièle Kergoat, co-directrice de la collection « Le Genre du monde ». Je tiens à les remercier chaleureusement. Néanmoins, je reste la seule responsable des erreurs qui pourraient figurer dans ce livre.

ISBN : 978-2-84303-227-1

Introduction

Le système de retraites français, créé en 1945 et profondément amélioré par la suite, a constitué un progrès social majeur en affirmant la solidarité entre les générations et en permettant de sortir progressivement de la misère les personnes qui se retrouvaient sans revenu en fin de vie professionnelle. Par rapport à d'autres pays, notre système est globalement plus avantageux, car il permet d'assurer en moyenne un niveau de vie des retraité·es équivalent à celui de la population active. Mais d'une part, cette moyenne masque de fortes inégalités, particulièrement entre les femmes et les hommes. D'autre part, les « réformes[1] » successives n'ont cessé de durcir les conditions requises pour obtenir une pension à taux plein, entraînant une dégradation continue du niveau des pensions qui pose

1. Remarquons qu'il serait plus juste de parler de contre-réformes. Le terme réforme a en effet longtemps signifié la perspective d'un progrès social, mais il est maintenant récupéré pour caractériser des régressions sociales majeures. Pour alléger on utilisera dans cet ouvrage le terme de réforme.

un problème plus sérieux encore pour les pensions les plus faibles, qui sont celles des femmes.

Les réformes de retraite menées un peu partout depuis trente ans se font sur la même logique, conformément à l'orientation néolibérale promue par les instances internationales (Banque mondiale, OCDE, Commission européenne). L'objectif vise à plafonner, voire réduire, la part de la retraite publique basée sur le système par répartition pour offrir un champ de plus en plus large de la protection sociale au secteur privé et à la capitalisation. En France, la retraite par capitalisation occupe une place marginale, mais des jalons sont posés au fil des réformes pour qu'elle gagne en importance. La tendance générale est à un renforcement du lien qui existe entre le montant des cotisations versées tout au long de la carrière, et le montant cumulé de la pension reçue (plus le lien de proportionnalité est fort, plus le système est dit contributif). Mécaniquement, cela pénalise plus fortement les personnes aux carrières courtes… qui sont en majorité des femmes. Les carrières plus courtes et les salaires plus faibles en moyenne des femmes découlent de la persistance des rôles sociaux sexués différents et de la division sexuelle du travail qui est synonyme de hiérarchie : un travail d'homme « vaut plus » qu'un travail de femme[2]. L'organisation sociale est historiquement basée sur la domination patriarcale et le capitalisme a parfaitement su tirer profit de la dévalorisation de la main-d'œuvre féminine. Ce sont les raisons principales qui aboutissent à la situation actuelle caractérisée par de fortes inégalités de pension entre les sexes…

2. Danièle Kergoat, « Division sexuelle du travail et rapports sociaux de sexe », *in* Helena Hirata, Françoise Laborie, Hélène Le Doaré, Danièle Senotier, *Dictionnaire critique du féminisme*, Paris, Presses universitaires de France, 2004.

Le renforcement de la contributivité signifie, à l'inverse, la baisse de la part de solidarité dans le montant des pensions. Divers dispositifs de solidarité existent dans le système de retraite, d'une part pour compenser – un peu – les pensions des personnes ayant connu des périodes de chômage, maladie, invalidité, ou des retraits d'activité liés aux enfants; d'autre part pour permettre des départs anticipés pour les personnes ayant eu des métiers pénibles ou des carrières longues. Ils sont essentiels pour les femmes, qui en bénéficient à travers les dispositifs familiaux et les minima de pension. Vivant en moyenne plus longtemps que les hommes, elles sont aussi, très majoritairement, les bénéficiaires des pensions de réversion, qui constituent un droit dérivé du statut d'épouse ou d'époux. Finalement, l'évolution en cours est donc particulièrement défavorable aux femmes sous chacun de ses deux aspects, le renforcement de la contributivité et l'affaiblissement de la solidarité.

Les réformes passées, dont les effets n'ont pas fini de se faire sentir, entraînent une baisse du niveau relatif des pensions pour tous et toutes, mais elles pénalisent plus particulièrement les femmes à travers différentes mesures adoptées: l'allongement de la durée de cotisation nécessaire pour une pension à taux plein, la diminution des majorations de durée d'assurance accordées au titre des enfants, le passage des 10 aux 25 meilleures années pour le calcul de la pension, ou encore le système de décote.

Alors qu'au fil du temps, depuis les années 1960, la plus forte participation des femmes dans l'emploi ainsi que leur meilleure qualification se traduisaient par une réduction des écarts de pension avec les hommes, cette évolution positive a été fortement freinée par les réformes successives. Malgré un discours officiel lénifiant selon lequel les inégalités de pension entre les femmes et les hommes se résorbent au fil des générations, la réalité témoigne que celles-ci ne diminuent que très lentement, voire elles stagnent. Les rapports successifs du Conseil d'orientation des retraites (COR) indiquent d'ailleurs qu'elles ne disparaîtraient pas... sans plus de questionnement ! Aujourd'hui, la pension de droit direct des femmes est en moyenne inférieure de 40 % à celle des hommes. En y ajoutant la pension de réversion, cet écart diminue, mais il vaut encore 28 %.

En réalité, les projections du COR reprennent les hypothèses très conservatrices de l'Insee sur l'évolution future du taux d'activité des femmes : aucune amélioration n'est envisagée, il resterait figé à sa valeur actuelle, sensiblement inférieur à celui des hommes. Il n'y a aucune justification à ce que les femmes soient moins intégrées à la population active que les hommes. Simplement, elles rencontrent plus d'obstacles, sur lesquels une politique adaptée et volontariste pourrait pourtant agir. En plus d'être une exigence démocratique, l'égalité des femmes et des hommes en matière d'emploi, comme en matière de salaires, serait très bénéfique pour le financement des retraites.

Le système de retraite, et plus largement de protection sociale, a été conçu il y a près de quatre-vingts ans sur le modèle patriarcal de la famille. Il est inadapté aujourd'hui au regard de l'évolution du modèle de couple et au regard de l'exigence d'émancipation des femmes. Il est également inadapté compte tenu de l'évolution de l'emploi qui voit se multiplier les périodes d'interruption, du fait du chômage et de la précarité croissante de l'emploi. La solution ne peut pas simplement consister à renforcer la part de solidarité dans la pension pour compenser les aléas de carrière. La démarche cohérente doit être de tout mettre en œuvre pour permettre à toute personne de se constituer des droits propres pour une pension suffisante, ce qui implique d'agir en amont de la retraite, au niveau de l'emploi.

Ainsi réfléchir à la manière de faire évoluer le système de retraite en partant de l'analyse des inégalités de pensions et en adoptant une démarche féministe conduit à questionner ce qui vient en amont dans la sphère professionnelle, et plus largement, les rapports de domination à l'œuvre dans la société. La question de la retraite des femmes n'est pas une question « spécifique » de celle des retraites. Au contraire, la réflexion sur l'avenir des retraites gagne à se baser sur le modèle de société souhaité qui intègre l'exigence d'égalité entre les femmes et les hommes. Elle conduit alors à la nécessité de réorienter l'activité économique pour satisfaire en priorité les besoins sociaux et environnementaux. Progresser vers l'égalité entre les femmes et les hommes permet en outre d'améliorer le financement des retraites. Il est possible de garantir l'avenir de pensions suffisantes. L'objectif devrait être qu'un départ en retraite n'entraîne pas une baisse du niveau de vie pour les plus faibles revenus. Cela suppose une meilleure répartition de la richesse produite entre le travail et le capital. La retraite est un enjeu de société : c'est un débat démocratique qui devrait déterminer la part de la richesse produite que l'on souhaite consacrer au financement de la protection sociale et des retraites et déterminer également la nature de la production économique à privilégier car le défi écologique impose de remettre en question l'orientation actuelle. L'intégration de la perspective féministe est d'un apport essentiel dans ce débat et, plus globalement, dans la réflexion pour un autre projet de société.

Le premier chapitre examine le projet Borne-Macron. Il est à la fois injustifié et injuste. Les raisons mises en avant par le gouvernement pour expliquer un soi-disant besoin de réforme ont varié au cours du temps, depuis la nécessité de combler le déficit du système, jusqu'à l'objectif de rendre le système plus juste, en passant par le besoin de financer d'autres chantiers. Mais la réalité est que les mesures principales de recul de l'âge de départ et d'allongement accéléré de la durée de cotisation toucheront plus durement les personnes modestes, les moins qualifiés, celles aux carrières plus courtes et hachées.

Le deuxième chapitre, après avoir rappelé le contexte de la création du système de retraites ainsi que les principes sur lesquels il a été fondé, présente les inégalités de pension entre les femmes et les hommes. Il s'agit d'y montrer que la retraite amplifie les inégalités salariales, notamment du fait du calcul de la pension. Tout en étant indispensables pour augmenter la pension des femmes, les dispositifs de solidarité ne bénéficient pas plus aux femmes qu'aux hommes : c'est pourtant ce que répètent les gouvernements lorsqu'ils sont interpellés sur leur inaction devant les inégalités et les faibles pensions des femmes. J'explique ensuite comment la logique néolibérale qui guide les réformes de retraite depuis 1993 est synonyme de dégradation globale des pensions.

Le troisième chapitre présente les réformes successives, en s'intéressant plus particulièrement à leurs effets sur la situation des femmes. Ce regard permet de percevoir leur cohérence, de repérer les jalons posés petit à petit vers la capitalisation et de voir émerger l'argument du libre choix dans la retraite, typique de la pensée néolibérale. Si la question des retraites des femmes était absente lors des premières réformes, elle est progressivement montée dans le débat public, très insuffisamment cependant, à partir de 2010 sous l'effet en particulier de mobilisations féministes et syndicalistes qui s'appuyaient sur des travaux académiques ou militants.

Dans le quatrième chapitre, j'envisage l'avenir des retraites à partir du modèle féministe de société souhaité. Tirer sur le fil des inégalités de pension entre les sexes et raisonner dans la perspective d'abolir la division sexuelle du travail conduit ainsi à détricoter l'organisation sociale et l'ensemble du système économique. Cela conduit à s'interroger sur le rôle des dispositifs familiaux et de la réversion en cohérence avec notre parti pris féministe, à questionner le sens du travail, à valoriser le champ de l'économie du lien social et du soin, activités assurées en majorité par les femmes, mais déconsidérées. Je présente des principes et des propositions qui amélioreraient le système des retraites et son financement en lien la progression vers l'égalité entre les femmes et les hommes. D'une part, dans le système de retraites, il convient de faire évoluer le calcul de la pension pour corriger ce qui défavorise les carrières plus courtes des femmes, et, pour commencer, de supprimer la décote. Cela suppose aussi de renforcer le lien entre la pension et *les meilleurs* salaires de la carrière, à l'opposé donc de l'évolution actuelle qui tend à renforcer le lien entre l'ensemble des cotisations versées et la pension. Enfin, cela suppose de retenir une durée de carrière complète qui corresponde à la réalité du marché du travail. Ce qui n'est pas le cas aujourd'hui. D'autre part, il est essentiel d'agir en amont de la retraite pour éradiquer les inégalités en matière de salaires, de carrières et d'accès des femmes à un emploi. Des politiques sont possibles pour lever les obstacles à l'emploi des femmes, notamment en développant des modes d'accueil de la petite enfance et des services de qualité auprès des personnes en perte d'autonomie ; en modifiant les congés paternel et parental de manière à permettre aux pères ou « parents 2 » de s'investir auprès des enfants dès la naissance ; en questionnant le dispositif du quotient conjugal de l'impôt sur le revenu, qui est reconnu être un frein à l'emploi des femmes ; en engageant des politiques volontaristes pour l'égalité salariale. Si l'égalité professionnelle est une exigence politique qui se suffit en elle-même, son efficacité économique pour le financement des retraites – qui permettrait d'améliorer les pensions pour toutes et tous – ne peut être dédaignée. Enfin, l'ensemble de ces réflexions conduit à se poser la question plus globalement de nos modes de vie, du sens du travail et celle d'un meilleur partage de la richesse produite.

Une série d'annexes est ensuite proposée pour présenter les caractéristiques d'un système de retraite ainsi que d'autres textes pour aller plus loin. Y figure également un glossaire. Dans la suite, le renvoi à ce glossaire pour la définition d'un terme est signalé par un astérisque.

Chapitre 1
La réforme Borne-Macron 2022-2023, injuste et injustifiée

Après avoir défendu en 2019 un système de retraites unique par points, qu'il présentait au nom de l'équité (voir *infra*, p. 81), et après avoir refusé catégoriquement toute modification de l'âge de départ, le président Macron a totalement changé d'option. En tant que candidat à l'élection présidentielle de 2022, puis en tant que président élu, il a annoncé un projet de réforme basée sur le recul de l'âge légal à 65 ans[1]. En mai 2022, le discours officiel met en avant la nécessité de rééquilibrer les comptes du système de retraites pour « pérenniser notre modèle social ». Pourtant il n'y a pas eu d'évolution significative de l'équilibre financier[2] depuis le premier mandat, pendant lequel le président répétait que le problème des retraites n'est

1. Le fait que cette mesure figure dans son programme électoral ne peut pas suffire pour la légitimer vis-à-vis de l'opinion publique : le second tour des présidentielles opposait le candidat Macron à la candidate du Rassemblement national, et l'élection du premier a signifié avant tout le refus de la seconde.

2. La part des dépenses de retraite dans le PIB a ponctuellement augmenté de 1,1 point en 2020 par rapport à 2019 du fait de la baisse

plus un problème financier. Ensuite, outre la nécessité de réduire le déficit, il invoque un autre besoin, celui de financer d'autres chantiers importants, la transition énergétique, la santé, l'école. Puisqu'une augmentation des impôts est exclue (au nom de la défense du pouvoir d'achat), la solution serait, sans surprise, la croissance : produire plus de richesses, et donc travailler plus longtemps du fait que nous vivons plus longtemps. Argument inusable… et impasse totale sur les dégâts causés par la croissance productiviste.

Fin 2022, le déficit du système de retraites est l'argument principal mis en avant pour démontrer le besoin de réformer. Or le Conseil d'orientation des retraites lui-même (COR), dans son rapport de septembre 2022, indique qu'il ne propose une estimation des soldes financiers futurs que parce que le débat public se structure autour de cette question. Il souligne que c'est la part des dépenses de retraites dans le PIB qui constitue « un indicateur déterminant pour évaluer la soutenabilité financière du système », et que ces dépenses sont dans une dynamique sous contrôle (ajoutons toutefois que c'est au prix du décrochage des pensions et des niveaux de vie des retraité·es par rapport aux actifs). À nouveau, en janvier 2023, devant la Commission des finances de l'Assemblée nationale, le président du COR déclare que les dépenses de retraites ne dérapent pas, simplement elles ne sont pas compatibles avec les objectifs de politique économique et de finances publiques du gouvernement.

Pour commenter, malgré tout, les projections de solde financier, il faut tout d'abord noter que les excédents de 2021 et 2022 (900 millions et 3,2 milliards)

du PIB liée à la crise sanitaire, mais elle est redescendue ensuite en 2021 avec la forte reprise de l'activité.

n'avaient pas été anticipés. Ce qui relativise, s'il en était besoin, les résultats de projections nécessitant de faire de nombreuses hypothèses. Pour la suite, le système enregistrerait jusqu'en 2032 un déficit évalué entre 0,5 et 0,8 point de PIB en fonction des scénarios. Ce déficit est minime, rappelons que les réserves constituées au sein des régimes de retraites par répartition s'élèvent à 8,3 % du PIB. Mais surtout, ces projections sont basées sur l'hypothèse de la stabilité du partage entre le capital et la masse salariale (constituée par les salaires et les cotisations). C'est là le problème politique majeur: alors que la proportion de retraité·es dans la population augmente, exclure la possibilité que la part de la masse salariale dans la richesse produite augmente revient à priver les caisses de retraite de cotisations et donc à générer du déficit. La réforme n'est pas dictée par un souci d'équilibre financier mais relève bien d'un choix politique.

Une pénalisation des personnes les plus précaires

Fin octobre 2022, le président Macron indique que le projet concerne soit un recul de l'âge à 65 ans, soit un recul à 64 ans couplé avec un (nouvel) allongement de la durée de cotisation. En janvier 2023, c'est la seconde option qui est annoncée. La mise en œuvre envisagée reste très brutale: elle s'appliquerait dès juillet 2023 et concernerait donc les personnes nées au second semestre de 1961 qui peuvent aujourd'hui prétendre à un départ en retraite en 2023. Côté syndical, c'est l'ensemble des organisations qui sont vent debout contre tout recul de l'âge de départ, et selon les sondages, c'est également la grande majorité de la population qui y est opposée. Constatant probablement que son discours ne convainc pas grand monde, le gouvernement a fait évoluer la présentation officielle du projet, en y associant l'objectif d'une réforme juste. Ainsi le ministre du Travail Olivier Dussopt assurait le 30 novembre sur France 2 que la réforme a « un double objectif absolument majeur : à la fois améliorer notre système, parce qu'il est injuste [...] et le redresser puisqu'il est en déficit ». La Première ministre a poursuivi sur ce nouveau registre en déclarant que « pour faire une réforme juste pour les femmes, l'âge d'annulation de la décote restera à 67 ans » ! Ce qui relève de la manipulation (voir *infra*, p. 21). Pour faire bonne mesure, le minimum de retraite qui était annoncé à 1 100 euros par mois pour une carrière complète dans le programme électoral d'Emmanuel Macron, est porté à 1 200 euros lors des annonces de l'automne 2022. Cette promesse, censée mieux faire accepter une réforme très impopulaire, a été accompagnée par un grand nombre de contre-vérités de la part du gouvernement. Celui-ci a d'abord prétendu que de très nombreuses personnes seraient concernées. Puis, à la suite des diverses « désintox », il a dû finalement admettre des chiffres très inférieurs. Ce minimum à 1 200 euros s'est révélé être un leurre.

On se limitera dans ce qui suit à montrer que le recul de la retraite à 64 ans et toute accélération de l'allongement de la durée de cotisation seraient une régression et une injustice pour de nombreuses personnes. Et que, contrairement à l'affichage d'une réforme juste pour les femmes, l'injustice majeure que constituent les inégalités de pension entre les femmes et les hommes n'est pas prise en compte dans le projet de réforme, alors même qu'il pénalisera à nouveau un grand nombre de femmes parmi les plus modestes.

Le recul de l'âge de départ prolonge la période de précarité entre fin d'emploi et retraite

De nombreuses personnes vivent une situation de précarité entre leur sortie définitive du marché du travail et leur départ à la retraite. Ainsi selon la Drees[3], 32 % des personnes de la génération née en 1950 n'étaient plus en emploi l'année précédant leur retraite, ce chiffre étant plus élevé pour les femmes (37 %) que pour les hommes (28 %). Ces personnes hors emploi étaient au chômage (pour la moitié environ d'entre elles), en inactivité, maladie ou invalidité. Et 23 % des personnes ni en emploi, ni en retraite, des femmes surtout, n'ont aucun revenu personnel ou minimum social, car vivant avec une personne qui a un revenu et donc dépendant entièrement d'elle. Cette situation précaire ne ferait donc que se prolonger avec tout recul de l'âge de départ. La réalité est que de nombreuses personnes n'ont pas la possibilité de se maintenir en emploi, ni de continuer à accumuler des droits à pension.

L'allongement de la durée de cotisation pénalise les carrières courtes

L'allongement accéléré de la durée de cotisation est injuste : il pénalisera les personnes qui ont des carrières courtes et qui, déjà aujourd'hui, n'atteignent pas la durée de cotisation exigée, ou bien attendent l'âge de 67 ans pour ne pas subir de décote. Ce sont en majorité des femmes. Il est exact que la durée de carrière des femmes augmente au fil des générations, du fait surtout de la montée en charge de l'assurance vieillesse des parents au foyer (AVPF) – introduite en 1972

3. Drees, *Les Retraités et la retraite*, 2022, p. 175.

pour les mères, puis étendue aux deux parents en 1978 – qui permet de compenser en partie les interruptions de carrière des femmes liées aux enfants. Mais pour la génération 1950 (une des dernières générations entièrement en retraite aujourd'hui) la durée de carrière était encore inférieure à celle des hommes de plus de 2 ans. Tous régimes de base confondus, ces personnes ont validé en moyenne 93 % d'une carrière complète (89 % pour les femmes et 97 % pour les hommes). La durée de cotisation exigée va atteindre 43 annuités à partir de la génération 1973, alors que la durée de carrière validée décroît depuis la génération née en 1955.

Figure 1

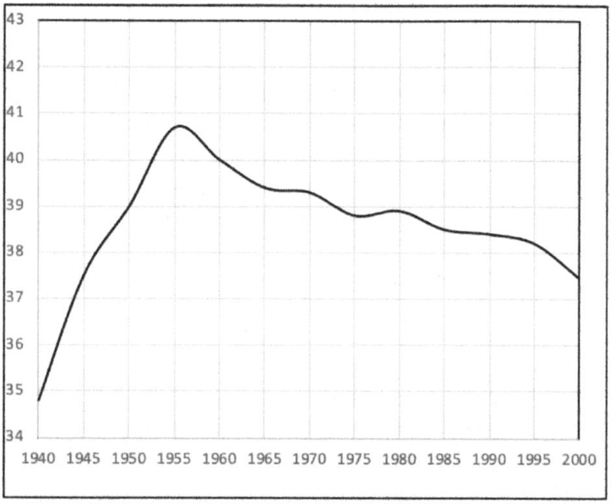

Durée de carrière en nombre d'années, en fonction de la génération

Durée d'assurance validée, tous régimes. Rapport COR 2022

Cette diminution est due aux entrées plus tardives en emploi, à la hausse du chômage à partir des années 1980 et à la précarisation des carrières. L'écart croissant entre la durée exigée et la durée réalisée devrait déjà aujourd'hui être une préoccupation majeure. Toute nouvelle accélération de l'allongement de la durée de cotisation ne ferait donc qu'aggraver encore plus les difficultés de nombreuses personnes, majoritairement des femmes, pour réunir une carrière complète.

La décote, injuste, touche plus les femmes

C'est ainsi que 8 % des femmes (génération 1950) et 6 % des hommes ont subi une décote sur le montant de leur pension du fait qu'ils et elles n'avaient pas réuni la durée de cotisation exigée. L'ampleur de la décote, proportionnelle au nombre de trimestres manquants, est plus importante en moyenne pour les femmes. Pour éviter de la subir, ce sont 19 % des femmes contre 10 % des hommes qui ont attendu l'âge auquel cette décote ne s'applique plus (aujourd'hui 67 ans) pour liquider leur retraite[4]. Élisabeth Borne a déclaré que la réforme sera juste pour les femmes car l'âge d'annulation de la décote restera à 67 ans. La décote, très injuste, très pénalisante, serait donc maintenue et annulée au même âge qu'aujourd'hui. Où est le progrès ? Prétendre que la réforme est juste simplement parce qu'elle maintient une mesure injuste sans l'aggraver relève de la malhonnêteté. Un minimum serait de supprimer la décote, qui constitue une double pénalisation comme l'avait reconnu Jean-Paul Delevoye dans son rapport de 2019. Ce qui était une première pour un rapport officiel...

Le minimum de pension à 85 % du SMIC : une promesse ancienne jamais tenue

L'annonce en mai 2022 d'une pension minimum à 85 % du SMIC net pour une carrière complète, soit

4. Drees, *Les Retraités et la retraite*, 2022.

1 100 euros, n'a rien d'une nouveauté. Cet objectif figurait déjà dans la loi de 2003 sur les retraites : celle-ci inscrivait en effet dans son article 4 l'objectif d'assurer pour 2008 un minimum de pension de 85 % du SMIC net pour une carrière complète. Non seulement l'objectif n'a jamais été tenu, mais le minimum de pension* effectif s'en éloigne continuellement depuis ! Début décembre 2022, Elisabeth Borne, reprenant cet objectif, l'a actualisé à 1 200 euros (devenus par ailleurs des euros bruts) pour l'adapter à l'évolution du SMIC... Mais pourquoi ne pas avoir déjà réalisé cet objectif ancien ? Car la situation nécessitait depuis longtemps de rehausser ce minimum. Malgré son existence, un tiers des retraité·es – dont les trois quarts sont des femmes – perçoivent une pension brute inférieure à 1 000 euros[5] ! Rappelons que les personnes aux plus faibles pensions ont plus souvent une carrière incomplète et que le minimum de pension est donc calculé au prorata de la durée de carrière[6]... ce qui représente un montant plus faible que le minimum affiché. L'augmentation du minimum devrait, selon les annonces, concerner également les personnes actuellement en retraite : pourtant, cela ne figure pas dans le projet de loi présenté en janvier 2023...

La baisse en cours du niveau des pensions est plus grave pour les plus faibles pensions des femmes

Les réformes passées ont en effet pour conséquence une baisse continuelle du niveau des pensions relativement aux salaires, qui a commencé depuis le début des

5. Rapport au Premier ministre de la Mission petites retraites, mars 2020.

6. Voir la présentation du minimum de pension dans le glossaire en annexe 2.

années 2010. Selon les projections du COR, la pension moyenne de l'ensemble des retraité·es rapportée au revenu d'activité moyen devrait baisser de 50,3 % en 2020 à une valeur comprise entre 32,6 % et 39,4 % à l'horizon 2070.

Cette baisse a des effets plus graves sur les plus faibles pensions des femmes : elle aboutit à un taux de pauvreté des femmes retraitées aujourd'hui sensiblement plus élevé que celui des hommes (10,4 % contre 8,5 %), et cet écart a tendance à se creuser depuis 2012[7]. Lors de la réforme de 1993 (voir *infra*, p. 52), le passage à une indexation des pensions sur l'inflation et non plus sur le salaire moyen a entraîné un décrochage des pensions, avec des effets qui s'avèrent considérables sur des retraites servies pendant 20 ou 30 ans, donc sur les personnes les plus âgées, comme le soulignait en 2013 le rapport Moreau. Les effets depuis se sont poursuivis : en 2022, le COR note que le taux de pauvreté des retraité·es augmente depuis 2016 pour les personnes âgées de plus de 65 ans qui vivent seules[8], et parmi elles, ce taux atteint même 16,5 % pour les femmes.

La prise en compte de la pénibilité oublie les femmes

Actuellement, la retraite est trop souvent vue comme une délivrance du fait de conditions de travail difficiles, de stress et de la pénibilité. Celle-ci est très mal reconnue au moment de la retraite, mais bien sûr, en parallèle il faudrait agir en amont pour améliorer les conditions de travail. Dans le nouveau registre d'une réforme devant être plus juste, Élisabeth Borne a déclaré vouloir

7. Rapport du COR 2022, p. 200.
8. *Idem.*

permettre aux « personnes cassées par le travail » de partir plus tôt. Rappelons accessoirement que c'est le président Macron qui par l'ordonnance du 22 septembre 2017 a transformé le compte personnel de prévention de la pénibilité (C3P) en compte professionnel de prévention (C2P) – ce qui a éliminé le mot pénibilité – et il a supprimé 4 des 10 critères retenus auparavant pour caractériser la pénibilité. Ces critères étaient : les manutentions de charges, les postures pénibles, les vibrations mécaniques et les agents chimiques dangereux, soit ceux qui concernent potentiellement le plus de personnes, particulièrement les ouvriers et ouvrières. Rappelons aussi que pour l'instant, du fait de biais sexistes, la pénibilité des métiers féminins est très souvent occultée (voir *infra* « En 2013-2014, la réforme Touraine... », p. 69). Il convient donc d'intégrer l'approche de la pénibilité sous l'angle du genre.

Pour résumer, le projet de 2022 est injuste et injustifié. Contrairement à ce qui est affiché, la question des fortes inégalités entre les pensions de femmes et des hommes est absente de la réflexion. La dégradation en cours des retraites, qui devrait être la préoccupation prioritaire de toute réforme, se poursuit et s'amplifiera.

Chapitre 2
Le système actuel et son évolution

La Sécurité sociale, prenant en charge notamment les retraites, a été créée en 1945. Elle est issue du programme du Conseil national de la résistance (CNR) qui prévoyait un «plan complet de sécurité sociale visant à assurer à tous les citoyens des moyens d'existence dans tous les cas où ils sont incapables de se les procurer par le travail». La situation à l'époque était particulièrement catastrophique pour des millions de «vieux». Le programme du CNR indiquait donc devoir instituer «une retraite permettant aux vieux travailleurs de finir dignement leurs jours[1]». Ce qui a été ensuite repris dans le préambule de la Constitution du 27 octobre 1946 qui affirme «garantir à tous, notamment à l'enfant, à la mère et aux vieux travailleurs, la protection de la santé, la sécurité matérielle, le repos et les loisirs. Tout être humain qui, en raison de son âge, de son état physique ou mental, de la situation

1. Programme du CNR, 15 mars 1944, https://www.herodote.net/Textes/programme_du_CNR.pdf.

économique, se trouve dans l'incapacité de travailler a le droit d'obtenir de la collectivité les moyens convenables d'existence». Cette formulation est d'ailleurs révélatrice des représentations dominantes de l'époque : la mention des catégories à protéger, regroupement de «l'enfant, la mère, les vieux», est précisée et immédiatement généralisée à tous les êtres humains se trouvant dans l'incapacité de travailler. Si c'est une évidence toujours valable pour les enfants et les «vieux», ça paraît aujourd'hui archaïque pour les mères...

La Sécurité sociale fonctionne sur le principe de l'assurance sociale, ce sont les cotisations sociales assises sur les salaires et versées par les personnes en activité qui financent directement les retraites du moment. Ceci caractérise un régime par répartition. Insistons sur le fait que l'on ne finance pas sa propre retraite, que ce soit d'ailleurs en répartition comme en capitalisation. (On renvoie en annexe 1 une présentation générale du fonctionnement d'un régime de retraites, par répartition ou capitalisation, ainsi que des régimes par annuités, régimes par points ou comptes notionnels). Il faut acquitter des cotisations pour avoir droit, pour soi et pour sa famille, à une couverture sociale pour la maladie, les accidents du travail et la retraite.

La Sécurité sociale organise donc la sécurité des travailleurs et/ou des familles dont les revenus proviennent du travail d'un de leurs membres, l'homme en général. Elle est basée sur la solidarité entre les générations et également sur une solidarité horizontale en attribuant des droits non contributifs, c'est-à-dire sans versement de cotisations, pour compenser au moins partiellement les périodes de privation d'emploi liées au chômage, à la maladie, au retrait pour l'éducation des enfants, etc.

À l'origine, le modèle sur lequel se bâtit la Sécurité sociale est celui de la famille patriarcale : l'homme a le rôle de soutien de famille, les formulations mentionnent ainsi régulièrement « le travailleur et sa famille ». Il travaille à temps plein, sans interruption de carrière, passant souvent sa carrière dans la même entreprise dans un contexte de plein-emploi. Il cotise et bénéficie de droits propres à une couverture sociale. Sa femme gère le foyer et les enfants, et elle bénéficie, comme ses enfants, de droits dérivés de ceux du « chef de famille », ouverts au titre d'épouse. Cela acte une logique de dépendance. Le contexte change au fil des années et le système de retraites évolue pour s'adapter. Mais la logique de dépendance y reste ancrée, comme globalement au sein du système social. Par exemple, de nombreux régimes de retraites conditionnent le droit à la pension de réversion – qui concerne essentiellement les femmes – au fait de ne pas se remarier ou de ne pas se remettre en couple, le postulat étant que les femmes en couple sont prises en charge par leur nouveau conjoint. De même, de nombreuses prestations sociales et minima sociaux individuels sont conditionnés aux revenus du conjoint[2], en partant du principe dit de solidarité conjugale : même si une femme a de faibles revenus, elle ne percevra pas de prestations si son conjoint gagne suffisamment. Ce principe évince alors l'intérêt personnel des femmes, car très majoritairement, ce sont elles qui gagnent moins que les hommes, et il entretient une dynamique de dépendance économique femmes-hommes.

Face à l'apparition progressive du chômage, un régime d'assurance chômage est créé en 1958. À partir

2. En juillet 2022, l'Assemblée nationale a voté la déconjugalisation de l'allocation aux adultes handicapé·es (AAH), ce qui permettra d'assurer un revenu minimum à ces personnes, quel que soit le revenu de leur conjoint.

des années 1960, les femmes entrent massivement sur le marché du travail et, contrairement à d'autres pays comme les Pays-Bas, sur des emplois à temps complet. Leur modèle d'emploi se caractérise néanmoins par une carrière interrompue car elles assument l'essentiel de la charge des enfants lorsqu'ils et elles sont jeunes. Carrière plus courte donc, en moyenne, que celle des hommes, avec des conséquences ensuite sur le montant de leur pension. Des droits associés à la maternité ont été instaurés dans le système de retraites pour tenir compte de ces charges en lien avec les enfants. On verra qu'ils sont indispensables car ils permettent de compléter les montants de pension des femmes. Mais ils posent un vrai dilemme, car ils contribuent à enfermer les femmes dans le rôle de mères. Des pensions de réversion en cas de décès du conjoint ont également été instaurées, mais de faible niveau. Elles seront progressivement revalorisées à partir des années 1980.

Ensuite, à partir des années 1980 et surtout 1990, l'emploi à temps partiel a été développé par la volonté politique, et envisagé comme un moyen de lutte contre le chômage. Il visait essentiellement les femmes. Cette forme d'emploi était en effet réputée leur convenir pour leur permettre, selon la formule consacrée par les textes communautaires de l'Union européenne, de « concilier vie familiale et vie professionnelle[3] ». Même si la formulation se veut neutre, elle s'adressait implicitement aux femmes. De fait, en France, le taux de temps partiel féminin a quasiment doublé en vingt ans, atteignant près d'un tiers au début des années 2000 (voir figure 2). Cette évolution a été largement favorisée par les politiques d'allègement de cotisations sociales pour les employeurs recrutant à temps partiel :

3. Voir « Stratégie européenne pour l'emploi (SEE) », 1997.

la mesure a été introduite en 1992 puis supprimée à partir de 2002 par la seconde loi Aubry de réduction de la durée de travail. Concrètement ces politiques ont constitué un effet d'aubaine pour le secteur tertiaire déjà majoritairement féminisé et elles ont contribué à l'extension des activités de service, avec des métiers à dominance féminine peu reconnus et peu rémunérés.

Figure 2

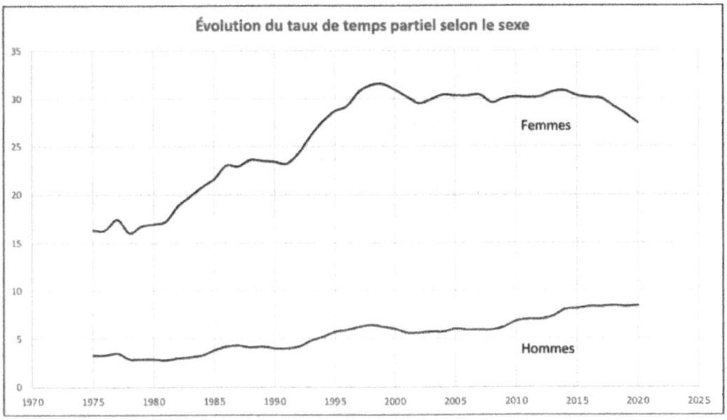

Source Insee

Le temps partiel au détriment des salaires et des pensions des femmes

Le temps partiel est une forme d'emploi qui a été socialement construite sur la base de l'inégal partage des charges familiales entre les sexes et hypocritement présenté comme une souplesse offerte aux femmes[4]. Pourtant, il est très souvent subi par les femmes, ou bien « choisi sous contrainte » par manque de solution pour l'accueil des jeunes enfants. La souplesse n'est en réalité offerte qu'aux employeurs. En effet, le temps partiel

4. Attac-Fondation Copernic, *Le Féminisme pour changer la société*, coord. Christiane Marty, Paris, Syllepse, 2013.

leur permet d'ajuster le volume de travail aux fluctuations de l'activité quotidienne ou hebdomadaire et de gagner en productivité. C'est un outil efficace pour flexibiliser la main-d'œuvre. Embaucher sur un poste à temps partiel et recourir aux heures complémentaires en cas de fluctuation d'activité à la hausse leur permet de ne pas payer les temps morts. Dans la grande distribution, il est plus rentable d'avoir beaucoup de caissières aux heures de pointe et peu aux heures creuses. De même, le temps partiel permet, dans la restauration, de faire coïncider la présence des salariées avec les heures des repas, et dans le nettoyage, de faire le ménage en dehors des heures de bureau.

De plus, il n'existe pas de déroulement de carrière à temps partiel comme l'ont montré des études analysant les trajectoires des salariées à temps partiel sur plusieurs années[5]. Au final, l'emploi à temps partiel est « naturalisé » féminin, il contribue à pérenniser la division sexuelle des tâches parentales, et il est très pénalisant pour les carrières des femmes et pour leur pension.

Le modèle d'emploi des femmes, avec des carrières plus courtes et des périodes à temps partiel, est différent de celui des hommes sur lequel a été conçu initialement le calcul de la pension... et de ce fait, ce calcul se révèle discriminant pour les carrières courtes (voir *infra*, « Un calcul qui défavorise les carrières courtes », p. 39).

De plus, depuis les années 1980, la tendance est à une précarisation du travail.

5. Bénédicte Galtier, « Le temps partiel est-il une passerelle vers le temps plein ? », Économie et Statistiques, n° 321-322, 1999, p. 79-87 ; Sophie Rivaud et Valérie Ulrich, « Le poids du temps partiel dans les trajectoires professionnelles des femmes », DARES, *Document d'étude*, n° 127, 2007.

Figure 3

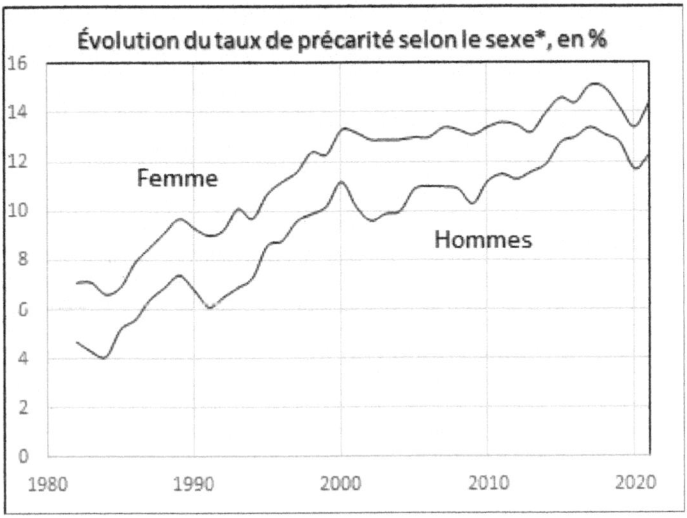

Le taux de précarité est défini par la somme des emplois à durée déterminée, en intérim et en apprentissage rapportée à l'emploi salarié.
Source : calcul du Centre d'observation de la société, d'après Insee.

Elle concerne principalement les jeunes et les personnes peu diplômées et le taux de précarité est toujours supérieur pour les femmes : 14,4 % contre 12,3 % en 2021. Cette évolution, qui traduit un accroissement des transitions d'emplois avec des modifications de statuts et des interruptions liées aux périodes de chômage est également inquiétante. Le chômage comme le temps partiel ne permettent d'acquérir que de maigres droits à la retraite.

Notre système de retraites a certes constitué un progrès social majeur après-guerre, en affirmant la solidarité entre les générations et en permettant de sortir progressivement de la misère les personnes après leur vie professionnelle. Par rapport à d'autres pays, il est plus avantageux car il permet d'assurer en moyenne un niveau de vie des retraité·es équivalent à celui de la population active[6]. Mais, d'une part, cette moyenne masque de fortes disparités au sein de la population retraitée, particulièrement entre les femmes et les hommes, mais aussi entre les femmes elles-mêmes ; d'autre part, l'évolution en cours est très défavorable sous l'effet des réformes passées (voir *infra*, « Un cap symbolique a été franchi dans la régression », p. 94).

En parallèle, l'évolution du contexte social a conduit à une forte modification des profils de carrière. De plus en plus de personnes ont, et risquent d'avoir, des carrières hachées et d'arriver à l'âge de la retraite sans avoir pu se constituer suffisamment de droits pour bénéficier d'une pension suffisante.

Les inégalités de retraite entre les femmes et les hommes et leur évolution

Commençons par une remarque préalable. Les situations des femmes et des hommes sont en moyenne très différentes, que ce soit dans la sphère professionnelle en termes de rémunérations, pensions, métiers occupés, dans la sphère publique en termes de représentation politique ou médiatique, ou dans la sphère privée au niveau de la répartition des tâches au sein des ménages. Les publications officielles et rapports de gouvernements, comme souvent aussi les études et analyses académiques, parlent de disparités, d'écarts ou de différences. Dans cet ouvrage, on parlera d'inégalités pour rappeler que les différences en question sont le

6. En réalité, le système ne contribue globalement que pour les deux tiers au niveau de vie à la retraite, car un certain nombre de personnes retraitées perçoivent d'autres revenus, notamment de la propriété.

résultat de siècles de domination masculine et d'une exploitation économique plus importante des femmes.

Les inégalités de retraite entre les femmes et les hommes se constatent à la fois dans le montant moyen des pensions, la durée moyenne des carrières, l'âge de départ. Les données qui sont utilisées dans la suite proviennent de la direction de la Recherche, des études, de l'évaluation et des statistiques (Drees), organisme officiel du ministère des Solidarités et de la Santé. Chaque année, la Drees produit un panorama « Les retraités et les retraite », et sauf indication contraire, les chiffres sont ceux de l'édition 2022 et concernent la situation en fin 2020.

Le montant des pensions

Le montant mensuel moyen brut des pensions de droit direct* de l'ensemble des retraité·es résidant en France[7] (y compris avec la majoration de pension pour trois enfants et plus*) est de 1 509 euros fin 2020 (ce qui correspond à 1 400 euros net). Ce montant moyen se décline en une pension brute de 1 154 euros pour les femmes contre 1 931 euros pour les hommes. La pension des femmes rapportée à celle des hommes est donc de 59,8 %, soit un écart de 40 % qui n'évolue guère depuis environ 8 ans. Énoncer que la pension des femmes est inférieure de 40 % à la pension moyenne des hommes

7. Les données concernant les retraité·es « résidant en France » diffèrent de celles des « résidents en France et à l'étranger » : la Drees indique que les personnes résidant à l'étranger ont acquis moins de droits, ce qui concerne essentiellement les hommes. De ce fait, les pensions des retraités hommes résidant à l'étranger sont inférieures à la moyenne, et l'écart de pension entre les femmes et les hommes est donc lui aussi moins important lorsque les résidents à l'étranger sont inclus. Sauf indication contraire, les données concernent les personnes résidant en France.

signifie à l'inverse que la pension des hommes est supérieure de 67 % à celle des femmes[8]. C'est la même inégalité, seule la manière de la formuler diffère.

Les montants de pensions indiqués ci-dessus concernent tous les régimes confondus : régime général, régimes de la Fonction publique et régimes complémentaires (voir annexe 1, p. 171). Mais les différences de pension entre les sexes varient très sensiblement selon le régime : elles sont les plus faibles pour la Fonction publique (10 % pour la Fonction publique territoriale, 14 % pour la Fonction publique d'État), et plus fortes pour le régime complémentaire Agirc-Arrco* des salarié·es du privé, pour lequel elles atteignent 54 %. Les régimes complémentaires, comme l'Agirc-Arrco, sont des régimes par points qui prennent en compte toute la carrière pour le calcul de la pension, ce qui défavorise plus fortement les carrières heurtées et plus courtes des femmes et explique la plus forte inégalité.

Ces données sont des moyennes... qui masquent une grande diversité de situations au sein des femmes comme des hommes. Les disparités sont nettement plus fortes pour les femmes. Selon une étude, de 2004[9], au sein des retraité·es de 60 ans et plus en 2001, les 10 % de femmes ayant les pensions les plus élevées percevaient une pension 9,4 fois supérieure à celle des 10 % de femmes ayant les pensions les plus faibles (c'est ce qu'on nomme le rapport interdécile) alors que ce rapport est de 4,5 chez les hommes, soit deux fois plus faible. Cette plus grande disparité chez les femmes s'explique par des situations beaucoup plus variées, qui reflètent non seulement les différences de qualification et de

8. Pension homme/pension femme = 1931/1154 = 1,67.

9. Carole Bonnet et Christel Colin, « Les retraites des femmes : une grande variété de situations », *Retraite et Société*, vol. 43, n° 3, 2004, p. 202-213.

régime de retraite, mais aussi la diversité des situations professionnelles et familiales en termes de recours au travail à temps partiel ou d'interruptions d'activité. Notamment, l'étude observe que les interruptions à la naissance d'un enfant sont majoritairement le cas d'ouvrières ou employées, moins diplômées et avec plus d'enfants que les femmes qui conservent une activité professionnelle avec un enfant en bas âge. La moindre qualification joue ainsi non seulement sur les salaires mais aussi sur la fréquence des interruptions d'activité et de l'emploi à temps partiel, ce qui accentue ensuite au final les inégalités entre les femmes elles-mêmes au moment de la retraite.

Pour percevoir l'évolution des inégalités de pension entre les sexes au fil des générations, il est pertinent de considérer, non pas l'ensemble des retraité·es, mais la comparaison du rapport pension des femmes/pension des hommes (Pf/Ph) pour différentes générations parties en retraite. En effet, les carrières des femmes s'améliorent du fait notamment de la hausse de leur qualification, et le rapport entre le montant moyen des pensions de droit direct des femmes et des hommes prend une valeur plus élevée pour les plus récentes générations parties en retraite. Ainsi, pour la dernière génération observée, à savoir celle née en 1953 qui a eu 67 ans en 2020[10] et qui est quasiment en totalité à la retraite, le rapport des montants de pension de droit direct (hors majorations pour trois enfants) vaut 67 %, ce qui signifie un écart de 33 % par rapport à la pension des hommes, alors que, pour la génération née en 1940, ce rapport valait 60 %, soit un écart de 40 %. Sept points gagnés en 13 ans : une amélioration, donc, mais très lente.

10. Conseil d'orientation des retraites, *Rapport annuel 2022*, p. 227.

La durée de carrière

La durée moyenne de carrière des femmes augmente au fil du temps, du fait surtout de la montée en charge du dispositif de l'assurance vieillesse des parents au foyer (AVPF)*, créé en 1972. Ce dispositif permet aux parents sans activité professionnelle qui élèvent un enfant (des femmes essentiellement) de compléter la durée de leur carrière. D'après les données les plus récentes, pour les générations nées entre 1930 et 1950, la durée de carrière validée* des hommes est à peu près stable, et celle des femmes augmente sensiblement et se rapproche de celle des hommes. Mais pour la génération née en 1950, la durée de carrière validée des femmes est encore inférieure de près de deux ans à celle des hommes : 38,2 ans contre 40,3 ans pour les hommes[11].

Pour cette même génération née en 1950, la durée de cotisation requise* pour une pension à taux plein* était de 40,5 ans. En moyenne, la durée de carrière validée des hommes de 40,3 années était donc très proche de la durée requise qui définit la carrière complète*, mais ce n'est pas le cas pour les femmes, à qui il manquait en moyenne un peu plus de deux annuités.

C'est ainsi que, pour la génération née en 1950, ce sont 8 % des femmes et 6 % des hommes qui ont subi une décote* sur le montant de leur pension du fait qu'ils et elles n'avaient pas réuni la durée de cotisation exigée. L'ampleur de la décote est plus importante en moyenne pour les femmes. Pour éviter de la subir, ce sont 19 % des femmes contre 10 % des hommes qui ont attendu l'âge du taux plein qui annule la décote (aujourd'hui 67 ans) pour liquider leur retraite. C'est notamment pour cette

11. Drees, *Les Retraités et la retraite*, 2022, p. 99.

raison que les femmes partent en retraite en moyenne plus tard que les hommes.

L'âge de départ en retraite

En 2004, l'âge conjoncturel moyen de départ en retraite* des femmes était supérieur de 14 mois à celui des hommes : 61,3 ans contre 60,1 ans. Les âges de départ des femmes et des hommes, tout comme l'écart entre les deux, se sont ensuite réduits jusqu'en 2010. Depuis cette date, du fait principalement du relèvement de l'âge légal à 62 ans, les âges de départ ont augmenté pour les femmes comme pour les hommes de 1 an et 9 mois, l'écart entre les deux restant constant. En 2020, les femmes prennent leur retraite en moyenne à 62 ans et 7 mois contre 62 ans pour les hommes[12].

Le minimum de pension

Le minimum de pension* est un dispositif de solidarité dont les femmes bénéficient plus que les hommes du fait que leurs pensions se situent plus souvent sous le seuil qui y rend éligible. Ainsi, pour la génération 1950, la plus récente à être partie en retraite, ce sont 5 femmes sur 10 dont la pension été portée au minimum, contre 3 hommes sur 10.

Même lorsqu'elles ont des carrières complètes, leur pension est encore souvent trop faible : parmi elles, pour les personnes affiliées à un seul régime de base, les femmes sont quatre fois plus nombreuses que les hommes à percevoir un minimum de pension dans leur régime principal (28 % contre 7 %).

12. *Ibid.*, p. 10.

Une réduction très lente des inégalités, de surprenantes projections du COR

Le rapport du COR présente l'évolution récente et projetée du rapport pension des femmes/pension des hommes, comprenant les majorations* et la réversion*, pour l'ensemble des retraité·es. On constate qu'il stagne depuis les dernières années. À partir de 2020, les projections font apparaître une brusque augmentation, et le rapport « devrait atteindre 84 % en 2037 puis augmenter plus modérément par la suite[13] » ... mais sans atteindre l'égalité : il se stabiliserait à terme autour de 90-92 %.

Le COR ne fournit aucune explication à cette brusque augmentation et il est difficile de percevoir ce qui pourrait l'entraîner. D'autant plus que la réduction des inégalités de salaires entre les femmes et les hommes est elle aussi en panne : en équivalent temps plein, les inégalités de salaires, qui avaient diminué au cours des années 1970 et 1980, puis étaient à peu près stables entre 1990 et 2010, ont tendance à augmenter depuis 2010.

Malgré ce constat d'une réduction très lente des inégalités de pensions, les responsables du gouvernement, lorsqu'ils sont interpellés sur cette question, répondent classiquement que la retraite n'a pas pour fonction de corriger les inégalités existant sur le marché du travail, et que les dispositifs de solidarité bénéficient davantage aux femmes. Examinons ces deux points.

13. Conseil d'orientation des retraites, *Rapport annuel 2022*, p. 228.

La retraite, miroir grossissant des inégalités salariales

Si « la retraite n'a pas vocation à corriger les inégalités existant dans l'emploi », argument initié par Éric Woerth, ministre en charge de la réforme des retraites en 2010, et souvent repris par la suite, elle n'a pas non plus vocation à les amplifier ! Or le système de retraites amplifie les inégalités salariales entre les femmes et les hommes. En effet, le salaire des femmes est inférieur en moyenne de 22 % à celui des hommes (Insee 2022) ; alors que la pension des femmes, pour la dernière génération observée à avoir celle née en 1953 – aujourd'hui en quasi-totalité à la retraite – est inférieure de 33 % à celle des hommes, comme indiqué précédemment.

Les inégalités de pension entre femmes et hommes résultent à la fois des inégalités de salaire et de durée de carrière. Aux salaires plus faibles des femmes, s'ajoute en effet le fait qu'elles ont en moyenne des carrières plus courtes car interrompues pour les enfants. Mais ça n'explique toujours pas la plus forte inégalité à la retraite. Car même en considérant les seules carrières complètes, la pension des femmes ne représente que 73,5 % de celles des hommes[14]. Soit un écart de 26,5 %, supérieur à l'écart des salaires. La retraite amplifie donc les inégalités salariales mais plus largement aussi les inégalités professionnelles.

Un calcul qui défavorise les carrières courtes

La raison tient notamment au calcul de la pension qui défavorise les carrières incomplètes, lesquelles

14. Conseil d'orientation des retraites, *Rapport annuel 2022*, p. 150.

concernent essentiellement les femmes. Dans le régime général, en effet, la formule du calcul* est la suivante :

Pension = salaire de référence × taux de la pension* × (durée de carrière réalisée/durée de carrière complète)

Les carrières incomplètes sont défavorisées sous deux aspects, le salaire et la décote* sur le taux de pension. Le salaire de référence d'une personne est en effet basé sur la moyenne des 25 meilleures années de sa carrière. Pour les personnes qui ont une carrière complète, prenons l'exemple d'une carrière de 40 ans, le calcul de la pension permet d'éliminer les 15 plus mauvaises années de salaire. Mais pour une personne qui a une carrière courte, par exemple 30 ans, sélectionner les 25 meilleures années ne permet d'éliminer que les 5 plus mauvaises années, qui contribuent donc à diminuer le salaire de référence. Cela pénalise plus fortement les personnes aux carrières incomplètes.

Ensuite, la pension est calculée au prorata de la durée de carrière réalisée/durée de carrière complète, ce qui semble logique. Mais si la carrière n'est pas complète, le taux de la pension subit une décote. Celle-ci diminue donc encore le calcul déjà proratisé de la pension. Jean-Paul Delevoye, Haut-commissaire à la réforme de retraites prévue en 2019 a reconnu que la décote constitue une double pénalisation des carrières incomplètes[15].

De même, les régimes complémentaires, qui fonctionnent tous par points, sont défavorables aux carrières courtes. Car toute la carrière est alors prise en compte pour le calcul de la pension : aucune mauvaise année n'est donc éliminée. Les années non travaillées qui n'apportent pas de points, et les périodes à temps

15. Jean-Paul Delevoye, *Pour un système universel de retraite*, rapport de juillet 2019, p. 49.

partiel qui en fournissent peu constituent autant de « manque à gagner » pour le stock final de points, ce qui abaisse le montant de la pension. En 2019, le fait que le passage à un système de retraites par points pénalisait de manière bien plus importante de nombreuses femmes a été un des arguments majeurs opposés à la réforme voulue par le président Macron. Ce projet a été abandonné à la suite de la crise du Covid et aux très fortes mobilisations sociales.

Les dispositifs de solidarité bénéficient-ils davantage aux femmes ?

La différence de carrière professionnelle entre les femmes et les hommes, mal prise en compte par le système de retraites, et les inégalités de pension qui en découlent ont justifié au fil du temps l'introduction de droits « spécifiques pour les femmes » au titre de la prise en charge des enfants. Accordés sans contrepartie de cotisations, ils relèvent des dispositifs de solidarité. Cette intégration progressive s'est accompagnée de débats animés opposant les conceptions féministes et familialistes, comme l'analyse Anne-Marie Brocas dans un intéressant article[16]. Les premières insistent sur le fait que les femmes doivent « se voir reconnaître des droits indépendamment de la maternité. Elles revendiquent l'égalité professionnelle entre hommes et femmes et luttent contre la domination sexuelle des hommes ». Les secondes défendent les normes familiales traditionnelles, magnifiant la famille et la mère au foyer qui se consacre aux tâches domestiques et aux

16. Anne-Marie Brocas, « Les femmes et la retraite en France, un aperçu historique », *Retraites et Société*, vol. 43, n° 2, 2004, p. 11-13.

enfants. Elles restent très imprégnées par les thèses natalistes. Loin de l'autonomie pour les femmes, elles revendiquent des dispositions à caractère protecteur pour elles. Ces débats ont évolué depuis. L'exigence d'égalité entre les sexes est rarement contestée aujourd'hui, même si l'objectif de disparition de la division sexuée des tâches est loin de faire l'unanimité. Toujours est-il que les droits familiaux et conjugaux ont été conçus à l'origine comme réservés aux femmes. C'est seulement après l'adoption dans les années 1990 de directives européennes sur l'égalité de traitement entre les femmes et les hommes qu'ils ont été adaptés pour être étendus dans une certaine mesure aux hommes (réforme de 2003, puis de 2010).

Aujourd'hui, un grand nombre de dispositifs de solidarité existent. Ils sont essentiels car ils attribuent des droits non contributifs pour compenser, au moins partiellement, les périodes de privation d'emploi liées au chômage, à la maladie, au retrait pour l'éducation des enfants, et pour prendre en compte les carrières longues des personnes ayant commencé à travailler tôt, les situations de handicap, etc. ainsi que pour assurer un minimum de pension. En 2016, ils représentaient 23 % de l'ensemble des pensions de droit direct. Mais on peut s'interroger sur la répartition de ces sommes.

Les dispositifs attribués au titre des enfants, dit familiaux, regroupent quatre droits différents (voir annexe 2) : les majorations de durée d'assurance* (MDA), l'AVPF*, les majorations de pension pour 3 enfants et plus*, et les départs anticipés pour motifs familiaux dans les régimes spéciaux. Ces droits bénéficient pour 14,2 milliards aux femmes et pour 5,2 milliards aux hommes. Ensuite, un dispositif également essentiel pour les femmes est le minimum de pension. Elles bénéficient de plus des trois quarts des sommes versées à ce titre : 6,7 milliards contre 1,8 milliards pour les hommes. Ce sont les seuls dispositifs de solidarité qui ont cette répartition très dissymétrique en faveur des femmes. (La pension de réversion, qui ne fait pas partie des dispositifs de solidarité, profite, elle aussi, essentiellement aux femmes : 32,2 milliards contre 2 milliards pour les hommes, mais c'est un droit dérivé, c'est-à-dire dérivé d'un droit acquis par le conjoint ou la conjointe).

Les documents officiels soulignent régulièrement que les dispositifs de solidarité bénéficient davantage aux femmes, ce qui est censé atténuer le constat des fortes inégalités de pensions. Ainsi ils rappellent que les droits versés globalement au titre de la solidarité représentent 29,2 % de la masse totale des pensions de droit direct versées aux femmes, contre 18,3 % pour les hommes. Cette présentation est exacte, mais biaisée car présentée relativement aux montants des pensions, ce qui majore le chiffre pour les femmes. Si l'on considère en absolu les montants versés au titre de la solidarité aux hommes et aux femmes, ils ne sont pas très différents : 31,4 milliards d'euros pour les femmes contre 29,5 milliards pour les hommes[17]. Enfin, lorsqu'on prend en compte le fait que les femmes sont plus nombreuses que les hommes dans les effectifs à la retraite, on obtient un montant moyen distribué au titre de la solidarité légèrement supérieur pour les hommes[18].

Certes, les dispositifs de solidarité ne sont pas conçus uniquement pour accorder des compensations au titre des enfants ou pour assurer un minimum de pension.

17. Conseil d'orientation des retraites, *Rapport annuel 2022*, tableau 4-4, p. 232.

18. Le montant est de 3789 euros pour les hommes et de 3760 euros pour les femmes. Données 2016 : 8,350 millions de femmes retraitées et 7,785 millions d'hommes retraités.

Mais on aboutit, après avoir intégré l'apport de ces dispositifs, à une situation dans laquelle la pension moyenne des femmes représente seulement 60 % de celle des hommes, dans laquelle le taux de pauvreté des femmes retraitées est de deux points supérieur à celui des hommes (10,4 % contre 8,5 %) et atteint même 16,5 % chez les femmes retraitées de plus de 65 ans vivants seules. On peut donc considérer que les dispositifs de solidarité ne sont pas adaptés aux fortes inégalités entre les femmes et les hommes.

Ils ne sont pas adaptés non plus si on considère maintenant la répartition des sommes distribuées au titre de la solidarité selon le niveau des retraites. En proportion, ils permettent certes d'augmenter plus fortement les pensions des retraité·es les plus modestes : ils représentent ainsi 55 % du montant des pensions de droit direct des 25 % de retraité·es les plus modestes, contre 14,9 % pour les 25 % les plus aisés. Mais, en absolu, à nouveau, les masses versées au titre de la solidarité aux 25 % de retraités les plus aisés sont en réalité deux fois plus importantes que celles versées aux 25 % de retraité·es les plus modestes. Une grande partie des dispositifs de solidarité agissent en effet en proportion de la pension : plus celle-ci est importante, plus les droits versés au titre de la solidarité sont importants.

Les majorations de pension pour 3 enfants sont doublement anti-redistributives

L'exemple type de dispositif injuste, voire caricatural, est celui des majorations de pensions pour trois enfants et plus. En effet, elles représentent 8 milliards d'euros et rapportent plus aux hommes qu'aux femmes (5 milliards contre 3) puisqu'elles correspondent à 10 % du montant de la pension pour trois enfants (et plus au-delà de trois) : le montant distribué est donc plus élevé pour les hommes, alors que les enfants pénalisent la carrière des femmes mais non celle des hommes. Elles rapportent également beaucoup plus aux 25% des retraités les plus aisés (3,7 milliards) qu'aux 25% de retraité·es les plus modestes qui n'en perçoivent que 0,6 milliard. Par ailleurs, c'est une mesure instaurée dès l'origine du système dans le cadre d'une politique familiale nataliste, qui n'est plus aujourd'hui compatible avec une perspective féministe.

Comment faire évoluer les dispositifs de solidarité, et plus particulièrement les droits familiaux, pour concilier l'objectif d'assurer une pension suffisante à toute personne avec l'exigence d'égalité entre les femmes? Cette discussion est examinée et des propositions sont présentées en quatrième partie.

La logique néolibérale des réformes depuis 30 ans

Pendant la période des Trente Glorieuses qui a suivi la création de la Sécurité sociale en 1945, les droits des assuré·es en matière de retraite se sont améliorés. L'abaissement en 1982 de l'âge légal de la retraite de 65 à 60 ans, instauré après la victoire de l'union de la gauche, en est le symbole le plus fort. Cependant, le tournant néolibéral dit de la rigueur en 1983 inaugure un changement de période. Celui-ci s'amplifie avec la mondialisation néolibérale qui se met progressivement en place, avec le renforcement de la concurrence et la transformation de la construction européenne.

L'Acte unique de 1986 visant à créer un marché unifié des capitaux, des biens et des services, le thème central des politiques économiques devient alors celui de la compétitivité des entreprises : l'objectif est de baisser le « coût du travail », ce qui se fait au moyen de mesures successives d'exonérations de cotisations sociales pour les employeurs (nommées « charges » sociales). Ces mesures sont mises en place par les gouvernements de droite comme de gauche. En parallèle, les taux de cotisations sociales ne sont plus censés augmenter, alors qu'auparavant ils étaient ajustés pour suivre les dépenses. Les exonérations de cotisations et le blocage des taux causent, sans surprise, une dégradation des comptes sociaux. Dégradation qui sert ensuite de justification pour engager des mesures d'économies, toujours présentées au nom de la sauvegarde du système de protection sociale !

Le plafonnement des dépenses de retraite

L'objectif est alors de plafonner la dépense sociale et de réduire la dépense publique, parce qu'elles se traduisent par des cotisations et des impôts qui sont accusés d'être des freins pour la croissance économique. Logique purement néolibérale. Cotisations et impôts sont désignés par le terme à résonance douloureuse de « prélèvements obligatoires ». Remarquons que du côté de la fiscalité, l'évolution est semblable : depuis les années 1980, les gouvernements successifs, quelle que soit leur couleur politique, ont suivi cette orientation : allègement de l'impôt pour les ménages les plus riches (à quelques exceptions près[19]) et les entreprises, en particulier les plus grandes. La logique néolibérale domine au niveau européen, elle a été concrétisée

19. L'instauration de l'IGF, impôt sur les grandes fortunes, en 1982 sous la présidence de François Mitterand fait partie de ces exceptions. Cet impôt est ensuite devenu l'ISF, impôt de solidarité sur la fortune, supprimé depuis.

en 1991 par les critères de Maastricht, qui fixent un niveau maximal de déficit public et de dette... et qui instaurent une surveillance des budgets publics par la Commission européenne.

L'objectif de plafonnement des dépenses publiques de retraite est en réalité de permettre le développement des dépenses privées de retraite, c'est-à-dire d'ouvrir la voie à la retraite par capitalisation. Mais cet objectif n'est pas officiellement formulé. Ce qui est organisé par les réformes successives de retraite depuis 1993, c'est la dégradation continue des taux de remplacement (pension sur salaire), néfaste plus particulièrement pour les femmes, comme on va le montrer. Les personnes qui en ont les moyens sont ainsi incitées, y compris par des mesures fiscales avantageuses, à compléter leur pension du système public en s'orientant vers l'épargne privée auprès d'assurances ou de fonds de pension.

Une tendance au renforcement de la contributivité

Outre l'encadrement des dépenses de retraite, la caractéristique commune aux réformes est une tendance au renforcement de la contributivité* des régimes de retraites. Pour rappel, un système est plus ou moins contributif selon que la pension tout au long de la retraite reflète plus ou moins étroitement les cotisations versées pendant la vie active. Renforcer la contributivité va donc à l'opposé de l'objectif que la pension soit la plus proche possible du salaire.

Ce renforcement découle de mesures comme l'allongement continu de la durée de cotisation requise pour une pension à taux plein, ou encore le passage des 10 aux 25 meilleures années de salaires pour le calcul de la pension : on l'a vu, ces mesures sont plus particulièrement néfastes pour les carrières plus courtes et donc pour les femmes. Le resserrement du lien entre montant de la pension et cotisations versées signifie en contrepartie un poids plus faible des mécanismes de solidarité. Or ces derniers, à travers les dispositifs familiaux, le minimum de pension et la réversion, sont essentiels pour compléter les pensions des femmes. Les dispositifs actuels doivent certes être revus (les masses distribuées bénéficient bien plus aux pensions les plus élevées), mais réduire leur part dans les pensions va à l'opposé du principe de solidarité sur lequel est basée la retraite.

À terme, le modèle en ligne de mire derrière ces réformes, c'est celui d'une société d'assurances individuelles, avec une retraite acquise largement par de l'épargne privée et une part de solidarité réduite au minimum qui resterait du ressort de la puissance publique. Cette tendance au renforcement de la contributivité signifie une pénalisation globale des pensions des femmes.

Pour résumer, si le système de retraites a d'abord eu pour but d'améliorer le sort des retraité·es – ce qui a été globalement le cas –, l'objectif à partir des années 1980 et surtout 1990 est devenu celui de faire des économies, donc d'encadrer les dépenses publiques. Concernant la retraite, les conditions d'accès à une pension ont été durcies ; de même pour les risques santé et chômage, la couverture s'est continuellement dégradée. Cette évolution aboutit aujourd'hui à ce que de nombreuses personnes précaires, femmes, jeunes, enfants, sont mal couvertes par la protection sociale et laissées de côté[20].

20. Clément Carbonnier et Bruno Palier, *Les Femmes, les jeunes et les enfants d'abord. Investissement social et économie de la qualité*, Paris, Presses universitaires de France, 2022.

L'argument du vieillissement démographique

À partir des années 1990, l'argument du vieillissement démographique est venu appuyer le discours gouvernemental: le ratio de la population active par rapport à la population retraitée diminue progressivement, il serait donc nécessaire de faire des économies pour garantir l'avenir du financement des retraites. L'argument «on vit plus vieux, il est normal de travailler plus longtemps» semble de bon sens alors qu'en réalité il ne l'est pas. Cet argument était au centre du *Livre blanc sur les retraites*, publié en 1991 sous l'égide du Premier ministre de l'époque Michel Rocard, qui peut être considéré comme le point de départ d'une vaste offensive idéologique contre les régimes de retraites. Remarquons que les projections démographiques catastrophiques qui étaient au cœur de ce rapport se sont avérées sans fondement et ont été rectifiées par l'Insee en 2007.

« On vit plus vieux, il est normal de travailler plus longtemps[21] » ?

L'espérance de vie augmente, certes, mais ce n'est pas nouveau: elle augmente continuellement depuis 250 ans – à part les interruptions au moment des guerres –, ce qui est une bonne nouvelle si l'on est en bonne santé. Cette augmentation n'a pas empêché que, sur cette même période, la durée de travail individuelle et collective diminue continuellement: on est progressivement passé de journées de 12 voire 15 heures, 6 jours sur 7 au XIXe siècle, à la semaine de 35 heures De même, la durée du travail totale sur l'année a

21. Pour une présentation plus complète, voir Attac-Fondation Copernic, *Retraites: l'heure de vérité*, coord. Jean-Marie Harribey, Pierre Khalfa, Christiane Marty, Paris, Syllepse, 2010.

diminué avec l'instauration des congés payés, d'abord 2 semaines puis progressivement 3, 4 et 5 semaines. La dernière réforme progressiste concernant la retraite a été le droit à la retraite à 60 ans, instauré en 1982. Ce qui a permis que l'accroissement de l'espérance de vie s'accompagne ainsi d'une diminution du temps passé au travail, c'est un partage de la richesse produite entre le travail et le capital qui était bien plus en faveur du travail qu'aujourd'hui.
De plus, l'injonction à travailler plus longtemps au nom de l'augmentation de l'espérance de vie est aveugle au fait qu'il existe de fortes différences selon la catégorie professionnelle (à 35 ans, l'espérance de vie d'un ouvrier est, par exemple, inférieure de six ans à celle d'un cadre).

La dégradation de la part des salaires dans la richesse produite

À partir du milieu des années 1980, le partage de la richesse produite, la valeur ajoutée, entre le travail et le capital a fortement évolué, avec une baisse sensible de la part qui va à la masse salariale, au profit de la part du capital. Pour rappel, la masse salariale comprend les salaires nets et les cotisations sociales, salariales comme patronales. C'est dans ce contexte dégradé qu'a pris place en 1993 la réforme Balladur, première d'une série qui vont ensuite toutes dans le même sens, celui d'une dégradation continue du niveau des pensions relativement au niveau des salaires. Les réformes successives vont freiner la réduction des inégalités de pension entre les femmes et les hommes qui était alors en cours. C'est ce qu'on examine dans la troisième partie.

Chapitre 3
Les réformes depuis 1993 contrarient la réduction des inégalités

Dans ce qui suit, on présente les principales mesures des différentes réformes en pointant les effets plus néfastes sur les pensions des femmes. Cet exercice permet de voir comment a émergé petit à petit la question de la retraite des femmes dans les discours des gouvernements justifiant les réformes, et l'idée que la retraite sera le résultat d'un « libre choix ». De ce point de vue, la réforme de 2019, bien que n'ayant pas abouti, est intéressante à présenter car très révélatrice. Il nous semble important de présenter cet aperçu bien qu'il puisse sembler un peu austère.

Les effets cumulés de ces transformations ont fait franchir un cap symbolique dans la régression : les pensions des nouvelles personnes parties en retraite abaissent maintenant la moyenne de l'ensemble des pensions. Enfin, on présentera l'émergence de la question des femmes dans le mouvement social contre les réformes des retraites suite aux mobilisations des féministes.

En 1993, la réforme Balladur: le début de la régression

La réforme Balladur a modifié les paramètres de la retraite du secteur privé. La loi a été votée au milieu du mois d'août, a fait quelques remous mais il n'y a pas eu de réaction massive. Les trois mesures phares étaient les suivantes:

- *L'augmentation de la durée de cotisation nécessaire pour une pension à taux plein* de 37,5 ans à 40 ans* (le taux plein est de 50 % pour le régime général). Cette mesure pénalise plus fortement les personnes qui ont des carrières plus courtes, en majorité des femmes, car elles ont déjà des difficultés pour atteindre la durée de carrière requise. En cas de carrière incomplète, la pension est calculée au prorata et subit de plus une décote sur le taux de liquidation. La décote était en 1993 de 10 % par année manquante (plafonnée à 5 années) ce qui était fortement pénalisant.

- *Le passage des 10 aux 25 meilleures années de salaire prises en compte dans le calcul de la pension.* Cette mesure pénalise tout le monde car la moyenne des 25 meilleures années est mécaniquement plus basse que celle des 10 meilleures années. Mais elle pénalise, elle aussi, plus fortement les carrières courtes: lorsque les carrières sont plus courtes en effet, sélectionner un plus grand nombre d'années oblige à « piocher » davantage dans le lot des années avec de plus faibles salaires ou du temps partiel. Le passage aux 25 meilleures années a eu pour conséquence une baisse immédiate de la pension au moment du départ en retraite, avec baisse d'autant plus importante que la carrière est plus courte. Pour les femmes, c'est la mesure qui a eu les effets les plus négatifs.

- *L'indexation des pensions et des salaires «portés au compte» sur les prix et non plus sur l'évolution du salaire moyen.* Les salaires portés au compte sont ceux qui interviennent dans le calcul de la pension. Ils sont bien sûr revalorisés : un salaire perçu il y a 20 ans sera revalorisé sur la base de la progression des prix, ce qui est bien moins favorable que l'évolution générale des salaires (la période 2022 avec une forte inflation et une stagnation des salaires est atypique : car sur moyenne ou longue période, les salaires augmentent plus que l'inflation). Ce changement d'indexation a comme conséquence de faire baisser la pension ainsi que le taux de remplacement au moment de la liquidation. Au niveau de l'ensemble des retraité·es, c'est la mesure qui est responsable de la plus forte dégradation des pensions.

L'indexation sur l'inflation des pensions des personnes déjà retraitées entraîne le décrochage du niveau de leurs pensions par rapport au niveau des salaires, dans une période où l'inflation est faible alors que le salaire moyen augmente plus vite – ce qui est la situation la plus générale. Elle a été étendue ensuite au secteur public par la réforme Fillon de 2003. Les effets nuisibles de ce décrochage s'amplifient tout au long de la période de retraite. Comme l'a souligné en 2013 le Rapport Moreau[1] au Premier ministre, les effets de cette indexation « s'avèrent considérables sur des retraites servies pendant 20, 30 ans ou plus ». Ce sont donc les femmes âgées qui sont les plus touchées. Cette mesure, dont les effets continuent de se faire sentir, a pour conséquence d'appauvrir les retraité·es : leur taux de pauvreté est ainsi passé de 8,5 % en 2004

1. Yannick Moreau, *Nos retraites demain, équilibre financier et justice*, Rapport de la Commission pour l'avenir des retraites, juin 2013.

à 10 % en 2010. Sont particulièrement concernés « les plus de 75 ans dont le taux de pauvreté est en nette augmentation. Au sein de cette population, les femmes isolées (notamment les veuves) sont surreprésentées ».

Les réformes de retraite étant menées avec la même orientation dans les pays européens, elles ont sans surprise les mêmes effets. Ainsi en 2010, un rapport de la Commission européenne indiquait lui aussi que le risque pour les femmes âgées de basculer dans la pauvreté concernait toute l'Union européenne et qu'elles constituent un des groupes les plus exposés au risque de pauvreté. Néanmoins, la Commission continue de promouvoir ces mêmes réformes de retraite.

En 1996, les accords Agirc-Arrco organisent une baisse du « rendement » du point

En décembre 1995, le projet Juppé qui visait notamment à réformer les régimes spéciaux a été retiré à la suite d'une grève massive et d'une énorme mobilisation sociale. L'année suivante, en 1996, le patronat et certaines organisations syndicales ont conclu des accords très régressifs dans les régimes complémentaires Agirc-Arrco des salarié·es du privé. Ces régimes sont de droit privé, à la différence du régime général géré par la Caisse nationale d'assurance vieillesse (CNAV). Ils sont gérés par les organisations patronales et les organisations syndicales (tout au moins celles qui considérées par le gouvernement comme représentatives). À partir de 1996, ils font l'objet de cycles de négociation réguliers, tous les quatre ou cinq ans, donnant lieu à des accords qui fixent les orientations et les paramètres des régimes. Ces accords successifs ne donnent pas lieu à une large information, ce qui explique le manque de mobilisation sociale, alors qu'ils programment tous une baisse régulière du niveau des pensions complémentaires servies comme à venir, à travers la baisse du rendement du point (voir annexe 1). Le point vaut plus cher à l'achat (c'est-à-dire qu'un même montant de cotisation procure de moins en moins de points); et au moment de la liquidation, la valeur du point (lorsqu'il est converti en montant de pension) vaut moins cher. La baisse du niveau des prestations Agirc-Arrco est encore plus rapide que dans les autres régimes. Comme il n'y a pas de dispositif de pension minimale dans ces régimes – malgré les demandes insistantes des syndicats de salarié·es –, et comme les dispositifs de solidarité y sont bien plus faibles que dans les régimes de base par annuités, la baisse des pensions les plus faibles, qui sont celles des femmes, est bien plus gravement ressentie.

En 2003, la réforme Fillon: l'apparition de l'argument du libre choix

La réforme étend au secteur public l'allongement de 37,5 ans à 40 ans de la durée de cotisation ainsi que l'indexation des pensions sur les prix. Ces mesures pénalisent plus fortement les femmes, comme présenté pour la loi Balladur. L'étude publiée en 2006 sur « Les effets des réformes de 1993 et 2003 sur les inégalités de genre en France » par Carole Bonnet, Sophie Buffeteau et Pascal Godefroy, confirme que ces réformes « tendent à freiner la réduction des écarts des pensions en fonction du sexe. Les effets les plus négatifs des réformes pour les femmes sont liés à l'allongement de 10 à 25 ans du nombre d'années prises en compte pour le calcul du salaire de référence, qui pénalise celles qui ont des carrières discontinues[2] ». Il y a néanmoins quelques mesures favorables.

La décote est ramenée de 10 % à 5 % par année manquante (elle reste plafonnée à 5 années manquantes). Cet abaissement de la décote est de fait plus favorable pour les femmes car elles sont plus nombreuses que les hommes à la subir, même si ce n'est pas mis en avant dans la présentation officielle. Une surcote est instaurée de manière symétrique, mais elle concernera bien moins les femmes. Enfin, le minimum contributif* (minimum de pension) est revalorisé, avec l'objectif inscrit dans la loi que toute personne ayant cotisé une carrière complète au SMIC perçoive en 2008 une pension d'au moins 85 % du Smic (voir *supra*). Cet objectif aurait été très favorable aux femmes… s'il avait été réalisé ! Mais la pension pour les carrières complètes avait juste atteint 82 % du Smic pour les retraité·es de la génération 1955[3] et selon les projections actuelles, ce ratio ne fera que baisser.

La réforme Fillon grave dans le marbre un calendrier régressif, en anticipant des dispositions nouvelles, ce qui permet notamment d'éviter le recours à autre texte législatif quelques années plus tard[4]. Elle annonce ainsi par avance la poursuite de l'allongement de la durée de cotisation, qui passerait pour tous les régimes à 41 ans en 2008, ce qui se vérifiera, puis augmenterait sur la base d'une règle de partage des gains d'espérance de vie : l'augmentation de l'espérance de vie servira pour les deux tiers à allonger la durée de vie active, et pour un tiers à allonger la durée de vie à la retraite.

2. Carole Bonnet, Sophie Buffeteau et Pascal Godefroy, « Les effets des réformes de 1993 et 2003 sur les inégalités de genre en France », *Population*, vol 61, n° 1-2, 2006.

3. Conseil d'orientation des retraites, *Rapport annuel 2019.*

4. Voir Attac-Fondation Copernic, *Retraites : l'heure de vérité, op. cit.*

Remarquons que cette règle, élaborée sur des bases obscures, n'est plus mobilisée. On verra plus loin que les gains d'espérance de vie aujourd'hui ont fortement ralenti et qu'ils sont désormais entièrement utilisés pour allonger la durée de vie active, alors que la durée de vie à la retraite a déjà commencé à diminuer.

La réforme libéralise aussi le cumul emploi et retraite, conformément au souhait du Medef: ce qui reconnaît implicitement que la pension peut devenir insuffisante pour vivre, mais ce n'est pas si grave puisque les retraité·es pourront continuer à travailler tout en percevant une pension !

Très liés à la réforme, mais juste quelques mois plus tard, des plans d'épargne populaire (Perp) et plans d'épargne collective (Perco) sont mis en place et favorisés par des exonérations fiscales, ce qui incite à développer la retraite par capitalisation. François Fillon inaugure l'argument illusoire du libre choix : chaque personne pourrait arbitrer en toute connaissance de cause, entre travailler plus longtemps, se constituer une pension complémentaire par une épargne privée pour avoir ainsi une pension plus importante ; ou bien partir plus tôt en retraite au prix d'une pension réduite. Comme si aucune contrainte n'existait en lien avec l'état du marché du travail, comme s'il n'y avait pas d'usure physique qui rend la prolongation de la vie active trop difficile pour de nombreux métiers, et comme si les chefs d'entreprise ne continuaient pas de se séparer prématurément des seniors !

La diminution des majorations de durée d'assurance pour les femmes fonctionnaires

La réforme diminue la majoration de durée d'assurance (MDA) accordée au titre des enfants aux mères de la fonction publique (cette majoration est aussi appelée bonification pour enfants). Auparavant, elles bénéficiaient d'une MDA d'un an par enfant. Avec la loi de 2003, pour les enfants nés ou adoptés avant 2004, les mères gardent la majoration d'un an, à condition toutefois que la naissance ait eu lieu lorsqu'elles étaient déjà fonctionnaires : avec cette nouvelle règle, de nombreuses femmes, celles qui étaient inactives, en disponibilité, qui travaillaient dans le privé ou qui n'étaient pas titulaires ont perdu ce droit puisque leur entrée dans la fonction publique était postérieure à la naissance de leur enfant. De plus, les jumeaux ne comptent plus que pour un.

Ensuite, pour les enfants nés ou adoptés après 2004, la loi remplace la MDA d'un an par l'attribution d'une majoration de 6 mois[5] seulement par enfant (réputés liés à l'accouchement) et toujours avec la condition que le recrutement de la mère soit intervenu avant l'accouchement. En revanche, le parent (père ou mère) qui interrompt ou réduit son activité en lien avec l'enfant pourra valider cette période jusqu'à 3 ans. Les interruptions d'activité qui ouvrent droit à une validation de trimestres dans la limite de 3 ans par enfant sont les suivantes : temps partiel, congé parental, congé de présence parentale[6], congé pour convenances personnelles pour élever un enfant de moins de 8 ans. La conséquence la plus directe est que les femmes qui poursuivent leur carrière sans interruption auront dorénavant 6 mois au lieu de 12 : ce sont elles qui sont

5. Outre le fait que cette majoration de 6 mois dans le secteur public est plus faible que dans le secteur privé où elle est de 2 ans, elle ne sert que pour le calcul du taux de pension mais pas pour la durée de carrière (voir « durée validée » en annexe 2) à la différence du secteur privé, où la majoration compte pour les deux.

6. Le congé de présence parentale dans la fonction publique concerne le retrait ou la cessation d'activité pour prendre soin d'un enfant handicapé, accidenté ou malade.

les perdantes ! Dans les 3 ans qui ont suivi, le nombre moyen de trimestres validés au titre de la MDA avait déjà baissé de 8,7 à 7,9 trimestres par femme.

Cette modification a été présentée comme nécessaire pour que le régime de retraite des fonctionnaires soit conforme à la législation européenne interdisant les discriminations entre les femmes et les hommes. Ainsi, les six mois accordés aux femmes le sont au titre de l'accouchement. Les validations de période supplémentaire, pouvant aller jusqu'à 3 ans, sont accordées au parent qui interrompt ou réduit son activité. La formulation est neutre mais elle ne masque pas la réalité : ce sont bien toujours essentiellement les femmes qui interrompent leur activité. Si les mères de la fonction publique ne veulent pas perdre ce dont elles bénéficiaient auparavant, elles doivent alors... interrompre leur activité. Ce dispositif pénalise les femmes qui poursuivent leur carrière sans interruption ! Il joue dans les faits comme une incitation à se retirer de l'emploi, avec les conséquences connues sur la baisse de leur revenu, la pénalisation de leur carrière et, à terme, de leur pension. Concrètement, au nom de l'égalité entre les sexes, on en arrive d'une part à réduire ce qui était pourtant conçu pour compenser les inégalités, d'autre part à favoriser un comportement qui entrave l'égalité et l'autonomie des femmes.

Législation européenne sur les discriminations et impact sur les dispositifs familiaux

Si le *droit communautaire* sur l'égalité de rémunération et l'interdiction des discriminations a permis de nombreuses avancées quant à la situation des femmes dans l'emploi et au travail[7], il a aussi été

7. Marie-Thérèse Lanquetin, « Luttes contre les discriminations dans l'emploi », *Informations sociales*, vol. 151, n° 1, 2009, p. 52-59.

utilisé pour remettre en cause les dispositifs bénéficiant aux femmes dans les systèmes de retraite. L'interprétation des textes de loi laisse pourtant de réelles marges de manœuvre. La Cour de justice de l'Union européenne reconnaît en effet la légitimité de mesures procurant un avantage à une « catégorie » de la population pour compenser l'existence d'inégalités à leur encontre. Ce qui est exactement le cas des dispositifs familiaux bénéficiant aux femmes. Pourtant, ils ont subi des régressions successives dans les régimes de retraite. Après le secteur public, ce sera le tour du secteur privé : en 2010, les majorations de durée d'assurance pour les femmes du secteur privé ont été remises en cause et modifiées. Compte tenu de l'importance qu'ont ces dispositifs pour aider à compenser, au moins partiellement, les pensions des femmes, leur mise en cause a été un élément supplémentaire qui contrarie la réduction des écarts.

Une apparition fugace du thème de l'égalité dans la justification des réformes de retraite

François Fillon, ministre des Affaires sociales, du Travail et de la Solidarité a affirmé se préoccuper des inégalités entre les femmes et les hommes. Dans sa déclaration du 3 juillet 2003 à l'Assemblée nationale, il se posait même en avocat de la cause des femmes en annonçant refuser que l'allongement de la durée de cotisation soit supérieur pour les femmes. Mise au point d'autant plus vaine que cette proposition n'était, heureusement, avancée par personne ! Il déclarait ainsi : « je ne vois pas en quoi nous devrions pénaliser les femmes qui, sous prétexte d'une espérance de vie supérieure, se verraient appliquer une durée de cotisation plus importante que celle des hommes ». Juste après cette magnifique déclaration, il contestait le fait que l'allongement de la durée pénaliserait les femmes du fait de leur carrière plus courte. Il affirmait: «c'est oublier que le décalage des pensions entre les hommes et les femmes va se réduire, compte tenu de l'allongement des carrières des femmes... Certes, il restera à terme l'écart lié aux différences de rémunération, mais si ce gouvernement entend placer le combat pour l'égalité professionnelle au cœur de son action, il ne peut être le préalable à cette réforme». Il inaugurait ainsi le discours commode, repris ensuite à l'occasion des réformes suivantes, selon lequel la retraite n'a pas vocation à corriger les inégalités professionnelles et que la situation s'améliore au fil des années. À part cette incursion, la question de la retraite des femmes restait largement absente du débat.

Malgré les dénégations du ministre, le bilan de sa réforme est sans conteste: les mesures régressives (allongement de la durée de cotisation, passage à une indexation sur l'inflation, diminution de la MDA pour le secteur public) touchent plus les femmes. À l'opposé, les quelques mesures positives qui ont été mises en place pour atténuer la brutalité de l'impact de la réforme (départs anticipés pour carrières longues – c'était une condition pour obtenir le soutien de la CFDT – ou surcote) bénéficient très peu aux femmes.

En 2008, après le secteur privé et le secteur public, c'est le tour des régimes spéciaux

La réforme entre en vigueur le 1er juillet 2008 et concerne tous les établissements publics gérant un service public (EDF, GDF, SNCF, RATP, etc.). Les règles sont rapprochées de celles des autres régimes: passage progressif aux 40 ans de durée de cotisation, indexation des pensions sur l'évolution des prix, instauration d'un mécanisme de décote et surcote. Et concernant le régime général, à partir de 2009, les pensions seront revalorisées à la date du 1er avril au lieu du 1er janvier.

En 2010, la réforme Woerth : un recours aux affirmations mensongères

Les principales mesures de la réforme concernaient les âges de la retraite et la durée de cotisation :

- *Le recul de l'âge légal de départ à la retraite de 60 ans à 62 ans.* Il concerne l'ensemble des salarié·es du public, du privé et les régimes spéciaux, mais avec un calendrier différent de mise en œuvre. Pour le secteur public et privé, ce recul s'appliquait à raison de 4 mois par an à partir de 2011. En parallèle, mais à partir de 2016, l'âge d'annulation de la décote (âge du taux plein) reculait de 65 ans à 67 ans.

- *La confirmation de l'allongement de la durée de cotisation*, déjà anticipé dans la loi Fillon, à 41,5 ans à l'horizon 2020.

- *Le durcissement des conditions pour bénéficier du dispositif de départs anticipés (avant l'âge légal) au titre des carrières longues*: ce dispositif, introduit en 2003, avait eu un gros succès avec trois fois plus de personnes concernées que ce qui était attendu. Sur la période 2004-2010, au total, 625 000 personnes en ont bénéficié (la population concernée était composée à 79 % d'hommes[8]). Les conditions d'accès en ont donc été fortement durcies, une première fois en 2008, puis en 2010.

8. Isabelle Bridenne et Julie Couhin, « La contributivité accrue de la pension de base : source d›inégalités entre genres ? », *Retraite et Société*, vol. 63, n° 2, 2012, p. 191.

- *La mise en place d'un dispositif de retraite pour pénibilité à partir de 60 ans,* pour les salarié·es qui présentent une incapacité permanente égale ou supérieure à 20 % du fait de leurs conditions de travail... ce qui concerne un nombre extrêmement restreint de personnes du fait des conditions à remplir.

- *La modification des modalités des plans d'épargne retraite*: les bénéficiaires pourront désormais percevoir une partie de leurs droits à la retraite sous forme de capital au moment de la liquidation. Cette disposition étend aussi les situations dans lesquelles les entreprises doivent proposer à leur personnel des plans de retraite. Un petit pas qui élargit donc la voie à la capitalisation et promeut la souplesse du dispositif.

Des affirmations fausses pour justifier le projet

Toujours justifiée au nom de l'équilibre financier du système de retraites, la réforme donne lieu à la loi du 9 novembre 2010, non sans avoir suscité, bien plus qu'en 2003, une importante mobilisation sociale. Le relèvement de l'âge de départ à 62 ans est contesté par l'ensemble des organisations syndicales. De mars à novembre, une quinzaine de journées de manifestations ont réuni plusieurs millions de personnes à l'appel d'une intersyndicale regroupant toutes les organisations de salarié·es. Pour la première fois, la question des retraites des femmes y figurait en bonne place (voir *infra* « La montée de la question des retraites des femmes dans le débat public... », p. 95). En réponse aux interpellations sur ce sujet, le ministre Woerth n'a pas hésité à produire de fausses affirmations. Le dossier de présentation du projet de loi de juin 2010 indiquait ainsi : « Les femmes bénéficient de nombreux dispositifs de solidarité au sein de nos régimes de retraite, qui [...] compensent efficacement l'impact des enfants». Comment peut-on parler de compensation efficace, alors que la pension des femmes ne représentait en 2010 que 62 % de celle des hommes (et à peine plus aujourd'hui) ?

Le ministre a aussi contesté le fait que les femmes aient des carrières plus courtes en affirmant, toujours dans la présentation du projet de loi : « aujourd'hui les femmes ont au moins autant de trimestres validés que les hommes » et encore, lors du débat en séance du 9 septembre à l'Assemblée nationale : « les femmes nées dans les années 1960, lorsqu'elles prendront leur retraite, auront quinze trimestres de plus que les hommes » en ajoutant : « ce n'est pas le gouvernement qui l'affirme, c'est le COR ». Ce qui est faux. Les rapports du COR disent des choses très différentes. Notamment, ils indiquent que les femmes parties en retraite en 2004 avaient toujours vingt trimestres, soit cinq années de moins que les hommes ! Le COR indique que les écarts entre les durées validées par les hommes et les femmes se réduisent lentement au fil des générations (comme nous l'avons présenté).

Mais, selon les projections établies par la Caisse nationale de l'assurance vieillesse (CNAV) et rapportées par le COR dans ses divers documents de travail disponibles à l'époque, il était indiqué que les femmes « pourraient avoir une durée validée tout compris supérieure aux hommes. Pour la génération née en 1980, l'écart en leur faveur serait de l'ordre de cinq trimestres ». Cette projection du COR faisant état d'un écart possible de cinq trimestres en faveur des femmes nées en 1980 est totalement contradictoire avec l'affirmation des quinze trimestres de plus qu'auraient les femmes nées en 1960 (soit vingt ans plus tôt) ! De plus, rappelons ce que le COR précise systématiquement sur ces projections : « Ces estimations doivent néanmoins être interprétées avec prudence, du fait des limites inhérentes aux projections... elles suggèrent simplement que les écarts pourraient s'annuler voire s'inverser». Non seulement Éric Woerth a produit de fausses données, mais il ne s'est pas embarrassé de telles réserves! L'indignation provoquée par ces déclarations a suscité la rédaction d'une tribune «Retraite des femmes: le mensonge comme seul argument» qui a été publiée par le journal *Le Monde* le 17 septembre 2010[9].

En 2010, une modification des majorations de durée d'assurance pour les femmes du secteur privé

En février 2009, un peu avant la réforme Woerth, les majorations de durée d'assurance dont bénéficiaient les femmes du secteur privé avaient été mises sur la sellette: un arrêt du Conseil d'État[10] a en effet reconnu le principe d'accorder aux hommes le même droit qu'aux femmes au nom du principe d'égalité des femmes et des hommes. La généralisation aux hommes de la MDA aurait un impact très préjudiciable sur le financement des retraites, mais à l'opposé la disparation de la MDA aurait un impact désastreux sur les pensions des femmes. Le gouvernement a donc décidé de réagir rapidement. C'est dans le projet de loi de financement de la Sécurité sociale (PLFSS) de 2010 qu'il a introduit un nouveau dispositif qui s'appliquera à tous les couples et prendra effet dès avril 2010. Auparavant, les mères du secteur privé avaient droit à une majoration de durée

9. La tribune était signée par Martine Billard, Danièle Bousquet, Marie-Georges Buffet, Christiane Marty et Anny Poursinoff.

10. Arrêt Griesmar du 29 juillet 2002, n° 141112.

d'assurance de deux ans par enfant, plus importante donc que dans le secteur public ce qui s'expliquait par le fait que les inégalités de pension y sont bien plus fortes. Le dispositif voulu initialement par le gouvernement était très restrictif, ce que les négociations syndicales ont un peu réussi à atténuer.

À partir de 2010, les mères bénéficieront d'une année de majoration par enfant, dite majoration maternelle, au titre de la grossesse et de l'accouchement, au lieu de deux auparavant. L'attribution d'une seconde année, dite majoration d'éducation, sera à partager entre les deux parents, au choix du couple. Ce choix devra intervenir avant les quatre ans de l'enfant. En cas de non-communication du choix du couple, celui-ci sera réputé avoir choisi l'attribution à la mère de l'enfant. En cas de désaccord, la majoration sera attribuée à celui des deux parents ayant assuré effectivement l'éducation de l'enfant. On peut comprendre la logique des législateurs qui cherchent, tout en produisant une formulation neutre, à préserver l'attribution de la majoration aux mères puisque ce sont elles le plus souvent qui prennent en charge les enfants et subissent le frein à leur carrière: l'attribution aux mères par défaut de choix exprimé par les couples va dans ce sens. Mais renvoyer ainsi à la négociation conjugale la répartition de la majoration revient à négliger les inégalités au sein du couple. On peut de plus craindre de nouvelles difficultés avec ce choix en cas de séparation ou de divorce. En outre, compter en quelque sorte sur le défaut d'information du public pour que le dispositif aboutisse finalement à une mesure ciblant les mères n'est pas très satisfaisant d'un point de vue politique.

En 2013-2014, la réforme Touraine : des mesures - très limitées - annoncées pour les femmes

La réforme affiche un objectif de pérennité du système, mais aussi de justice. Cependant l'orientation reste la même, et accentue l'allongement de la durée de cotisation :

*Un nouvel allongement est inscrit dans une trajectoire jusqu'à 43 an*s pour la génération née en 1973.

Un compte personnel de pénibilité est mis en place pour chaque salarié·e qui sera financé par les entreprises. Les *points accumulés* sur ce compte *pourront être convertis* en périodes de *formation, en temps partiel* avec maintien de la rémunération, ou en *trimestres de majoration* pour la retraite. La majoration ouvre le droit de partir plus tôt à la retraite, dans la limite de 2 ans. Ce compte vient remplacer le dispositif pour pénibilité mis en place par la réforme de 2010 (celui-ci devient la « retraite anticipée pour incapacité permanente »).

La négociation interprofessionnelle sur la définition et la prise en compte de la pénibilité, qui avait été ouverte dès 2005, a toujours été très difficile, le Medef tentant systématiquement de réduire les dispositifs de compensation en fixant des seuils élevés d'exposition[11] pour limiter le nombre de personnes concernées et en retenant une approche individuelle, bien plus difficile à défendre qu'une approche collective. En France, le compte pénibilité ne définit pas une liste de métiers concernés mais il s'appuie sur des facteurs de risques professionnels, liste qui évolue

11. Annie Jolivet, « Le compte personnel de prévention de la pénibilité : clefs de lecture d'un dispositif novateur », *Retraite et Société*, vol. 72, n° 3, p. 13-31.

progressivement. Le décret de 2014 faisant suite à la loi Touraine a défini une liste de dix critères, avec des dates échelonnées pour leur entrée en vigueur.

Cependant la perception de la pénibilité reste très attachée aux métiers à dominante masculine, alors que l'exposition à des risques, la pénibilité due aux postures, aux gestes répétitifs ou aux violences qui affecte de nombreux métiers féminins est invisibilisée (voir encadré ci-dessous). Ainsi, comme le note Annie Jolivet, « la liste retenue [de critères] laisse clairement de côté des conditions de travail plus fréquentes parmi les métiers largement occupés par des femmes[12] ». La pénibilité des métiers féminins est très souvent occultée[13] du fait de biais sexistes, comme plusieurs études l'ont établi. Les résultats de l'enquête SUMER (surveillance médicale des expositions aux risques professionnels), menée en 2003 puis en 2010, ont permis de lever le voile sur la pénibilité et les pathologies qui touchent plus particulièrement les femmes. Ces dernières sont ainsi majoritairement affectées par les troubles musculo-squelettiques et plus exposées aux risques psychosociaux au travail. En mars 2013, une étude du Conseil économique, social et environnemental[14] notait que « les risques les plus souvent associés au travail dans les représentations sociales traditionnelles – efforts physiques intenses, expositions au bruit, aux intempéries, aux produits nocifs – concernent majoritairement les hommes. Les conditions de travail de nombreuses femmes sont autant marquées par la pénibilité physique ou mentale : postures contraignantes,

12. *Idem.*

13. Béatrice Sarazin, « Les conditions de travail ont-elles un sexe ? », *Revue de la qualité au travail*, n° 348, 2013.

14. Conseil économique, social et environnemental, *Femmes et précarité*, 2013.

gestes répétitifs, fond sonore permanent d'un niveau trop élevé, tâches morcelées, manque d'autonomie ou de latitude décisionnelle. Toutefois cette pénibilité reste largement occultée. »

Travail féminin : une invisible pénibilité

Les stéréotypes sur le travail « naturellement féminin ou naturellement masculin » permettent de banaliser les risques qui y sont liés et de minimiser la charge – physique ou mentale – réelle de travail des un·es et des autres. Un sentiment largement partagé conduit à penser que les femmes, dans leur travail, sont moins exposées aux risques physiques, aux risques chimiques et donc moins concernées par les risques professionnels. Nous avons également la perception que les risques immédiats sur la santé et la sécurité sont plus importants chez les hommes que chez les femmes, qui seraient moins exposées à la pénibilité physique par exemple. La pénibilité reste très fortement attachée aux métiers masculins qui, selon les représentations, requièrent plus de force physique alors que si on les observe de près, on prend vite conscience que des métiers occupés très majoritairement par des femmes, comme ceux du nettoyage ou des services à la personne, sont tout aussi pénibles car très physiques. Si la pénibilité est différente, elle est cependant bien réelle. Le port de charges lourdes va concerner le plus souvent des objets inanimés pour les hommes et des personnes pour les femmes. Or, la nature de l'effort et la nature du risque ne sont pas les mêmes dans les deux cas et il en est rarement tenu compte. Sur le même registre, le port de charges lourdes n'est pas reconnu aux caissières ou aux employées de cantines, qui pourtant soulèvent et portent de manière répétitive des marchandises (et aussi des tables, des chaises, de la vaisselle...) dont le poids, additionné sur une journée, peut dépasser le seuil d'exposition des manutentions manuelles de 15 kilogrammes en poids cumulé et de façon répétitive. Dans le secteur du commerce, alors que la station debout prolongée peut entrainer des troubles circulatoires, où la répétition de gestes peut provoquer des troubles musculo-squelettiques, ces conséquences vont paraître aux employeurs, aux syndicalistes et aux salarié.es bien moins dangereuses que le risque de tomber d'un échafaudage. Il en va de même dans les métiers du nettoyage où la surreprésentation des femmes travaillant à temps partiel est une réalité. Celle-ci peut s'expliquer par la nature même de l'activité, associée aux tâches domestiques, par ailleurs considérées comme légères et nécessitant peu de qualification. On retrouve dans ce secteur une exposition sexuée aux risques : contraintes posturales très fortes pour les femmes assignées aux tâches les plus ingrates, les plus pénibles, les hommes quant à eux occupant la plupart du temps des postes d'encadrement ou des postes techniques. On peut également ajouter que, dans ce secteur, l'exposition des femmes à des produits dangereux est bien souvent occultée, car ne faisant pas l'objet de recherches approfondies.

Extrait de Michèle Rault, « Femmes au travail. L'invisible qui fait mal », *Les Utopiques*, n° 9, 2018.

- *La date annuelle de revalorisation des pensions est reculée du 1er avril au 1er octobre.* C'est en 2009, sous le gouvernement de Sarkozy, qu'avait été inaugurée cette méthode pour faire des économies, mais le décalage était de 3 mois. Sous le quinquennat Hollande, le décalage passe à 6 mois ! L'économie réalisée par ce décalage était chiffrée à 600 millions d'euros en 2014 et 1,4 milliard en 2020, entièrement aux dépens des retraité·es. En outre, il n'y a eu aucune revalorisation en 2014, ni en 2016.

Selon le document du Premier ministre Jean-Marc Ayrault présentant la réforme[15], trois mesures devaient rendre le système plus juste pour les femmes : il s'agit de la validation de trimestres pour les petits temps partiels, la meilleure prise en compte de la maternité et la refonte des majorations de pension pour enfants. Ces mesures sont en réalité marginales, et très loin de répondre à l'objectif affiché.

La validation de trimestres pour les petits temps partiels

La prise en compte du temps partiel est un peu améliorée : pour valider un trimestre, il fallait auparavant avoir travaillé et perçu une rémunération correspondant à 200 heures au Smic. La réforme permet d'abaisser ce seuil à 150 heures. Mais concrètement, cette amélioration ne concerne que très peu de personnes.

La prise en compte du temps partiel : une amélioration très limitée

Au régime général et dans les régimes alignés, le nombre de trimestres validés par an pour la retraite n'est pas établi en fonction de la durée de travail réalisé mais en fonction du montant de la rémunération annuelle soumise à cotisation. Avant la réforme, la règle était la suivante : sont validés par an autant de trimestres que le salaire annuel représente de fois 200 heures de travail rémunérées au Smic, avec au maximum quatre trimestres validés par an. Ce niveau de 200 heures pour un trimestre correspond à un emploi à temps partiel à 43 % de temps complet, c'est-à-dire à 15 heures

15. Dossier « Réforme des retraites : garantir notre système, corriger les injustices », 27 août 2013.

hebdomadaires. Les personnes en dessous de ce seuil d'heures hebdomadaires ne validaient donc pas intégralement la période travaillée. La réforme permet de valider un trimestre à partir de 150 heures payées au Smic, ce qui abaisse le seuil de prise en compte aux temps partiels à 32 % de temps complet, soit 11 heures hebdomadaires environ. C'est une mesure juste et bienvenue... mais elle ne concerne que très peu de personnes : les plus récentes données de l'Insee de l'époque, soit celles de 2011, établissaient que parmi les personnes en emploi, 4,4 % des femmes et 1,1 % des hommes seulement avaient un travail à temps partiel de moins de 15 heures par semaine. Ce n'est donc même pas la totalité de ces personnes qui allaient bénéficier de cette amélioration, mais seulement celles qui avaient une durée de temps partiel hebdomadaire comprise en 11 et 15 heures (cette donnée n'est pas disponible) : la proportion de personnes concernées est en tout cas inférieure aux 4,4 % de femmes et 1,1 % d'hommes en emploi. Mais surtout, pour toutes les personnes à temps partiel (soit parmi les actifs, un tiers des femmes et 7 % des hommes), le problème récurrent est celui du niveau de la pension. Or rien n'est prévu pour l'améliorer dans la réforme présentée. Alors que le temps partiel est, dans un cas sur trois, imposé par l'employeur (pour qui il est très bénéfique, voir *supra* encadré sur le temps partiel, p. 29), une véritable mesure d'équité aurait été soit l'interdiction pour un employeur d'embaucher à temps partiel, soit l'instauration d'une surcotisation patronale pour les emplois à temps partiel, ce qui permettrait de majorer à terme le montant de la pension de la personne concernée.

La modification par la réforme des modalités de validation du temps partiel contient aussi une autre disposition qui prévoit la création d'un plafond afin de limiter les effets d'aubaine: ne seront prises en compte que les cotisations portant sur un revenu mensuel inférieur à 1,5 SMIC[16]. En pratique, il n'est pas dit si cette mesure liée à la prise en compte du temps partiel, avec ses différentes composantes, a constitué un coût ou une économie pour les caisses de retraite, avec d'un côté le coût supplémentaire lié à l'assouplissement des conditions de validation d'un trimestre, et de l'autre, le gain réalisé par l'instauration du plafond à 1,5 Smic.

Une meilleure prise en compte de la maternité

Les trimestres d'interruption au titre de la maternité sont mieux pris en compte. Cette amélioration concerne le dispositif de retraite anticipée ouvrant le droit à un départ à 60 ans pour carrière longue. Rappelons qu'en 2010, le Parti socialiste était opposé au recul de l'âge de départ en retraite de 60 à 62 ans. Il avait promis, s'il revenait au pouvoir, de rétablir la possibilité de retraite à 60 ans pour les personnes ayant commencé à travailler tôt[17]. C'est ce qui a été fait en juillet 2012, mais partiellement, avec un décret entré en application

16. Avant la réforme, puisque c'est le niveau de rémunération qui permettait de valider un trimestre, il était possible pour certaines personnes ayant un salaire élevé de valider 4 trimestres sur une année en n'ayant travaillé qu'un trimestre ou moins. Par exemple, une personne gagnant le plafond mensuel de la sécurité sociale pouvait valider 4 trimestres en ayant travaillé moins de trois mois. Le rapport Moreau de 2013 préconisait donc d'instaurer un plafond visant à «limiter l'acquisition trop rapide de trimestres». C'est ce qui a été retenu. Le rapport précisait que «les perdants seront des assurés qui, travaillant à temps partiel, sont rémunérés au-delà du plafond spécifique retenu». Il serait intéressant de connaître le nombre de personnes qui ont été concernées par cette restriction et le montant de l'économie générée par l'instauration de ce plafond.

17. La retraite à 60 ans avait été instaurée en 1982 sous le gouvernement d'union de la gauche de François Mitterand. Le gouvernement de droite de Nicolas Sarkozy a reculé l'âge de départ à 62 ans

le 1er novembre, qui élargit l'accès à la retraite anticipée par rapport à ce qui était prévu par la loi de 2003. Mais les conditions pour être éligible à ce dispositif de retraite anticipé restent restrictives. L'une d'elles est d'avoir le nombre de trimestres cotisés requis pour la pension à taux plein[18]: mais une distinction est faite entre les trimestres cotisés et les trimestres assimilés[19]. Pour un départ anticipé à la retraite, sont pris en compte les trimestres cotisés et aussi quelques trimestres assimilés, qui sont alors «réputés cotisés». Mais le nombre de trimestres réputés cotisés est limité: selon le décret de 2012, il est possible de prendre en compte au maximum 4 trimestres au titre du service militaire et 6 trimestres au total pour les périodes d'arrêt de travail pour maladie, maternité et accident du travail. À noter que les majorations de trimestres pour enfant ne sont pas prises en compte dans ce dispositif... Le décret de 2012 a en réalité traduit une reculade du gouvernement: la promesse de retour à 60 ans pour les carrières longues s'est avérée, à l'étude, assez coûteuse. Les conditions pour y accéder n'ont été, de ce fait, qu'à peine assouplies. Ainsi, la distinction entre trimestres cotisés et trimestres assimilés qui existait dans la loi de 2003 a été maintenue: pourtant cette distinction, en limitant la prise en compte des trimestres assimilés, élimine de

en 2010. On était en droit d'attendre d'un gouvernement de gauche qu'il revienne sur ce recul.

18. Du fait de l'allongement progressif de la durée de cotisation résultant des différentes réformes, cette durée évolue avec la génération: 165 trimestres pour la génération 1953, 166 pour la génération 1955, etc.

19. Les trimestres cotisés sont ceux pour lesquels des cotisations ont été acquittées. Les trimestres assimilés sont ceux qui sont pris en compte pour le calcul de la retraite alors qu'aucune cotisation n'a été versée: il s'agit principalement des périodes de maladie, maternité, invalidité, service militaire et périodes de chômage. Les trimestres validés représentent la somme des trimestres cotisés et assimilés.

l'accès à une retraite anticipée un certain nombre de salariés et surtout de salariées qui ont eu des interruptions de carrière se cumulant du fait de maladie, maternité, ou accident du travail. Le décret de 2012 aurait pu rompre avec cette logique, il ne l'a pas fait. Finalement, la mesure de la réforme Touraine qui prévoit que tous les trimestres attribués au titre de la maternité seront « réputés cotisés » n'est qu'un rattrapage de l'injustice de ce décret qui en a limité le nombre[20].

Ajoutons que depuis son instauration en 2003, le dispositif de retraite anticipée concerne essentiellement les hommes puisqu'ils représentent 79 % des bénéficiaires sur la période 2004-2010. Une étude d'Isabelle Bridenne et Julie Couhin indique ainsi que « les conditions d'octroi de la retraite anticipée excluent de fait la grande majorité des femmes[21] ». Ce n'est pas le petit aménagement apporté par la réforme Touraine qui changera cette réalité. Si l'on veut vraiment ouvrir la possibilité de retraite anticipée aux femmes, pourquoi ne pas inclure parmi les trimestres « réputés cotisés » les majorations de durée d'assurance (MDA) attribuées au titre des enfants, alors qu'elles en en sont aujourd'hui exclues ?

20. Le décret de 2012 limite aussi le nombre de trimestres de chômage ou d'invalidité pris en compte. La réforme Touraine prévoit que 2 trimestres supplémentaires de chômage et 2 trimestres au titre de l'invalidité pourront aussi être « réputés cotisés », mais, comme pour les trimestres maternité, cela ne fait que corriger les restrictions injustement entérinées par le gouvernement avec le décret de 2012.

21. Isabelle Bridenne et Julie Couhin, « La contributivité accrue de la pension de base : source d'inégalités de genre », *Retraites et Société*, vol. 63, n° 2, 2012.

Une refonte des majorations de pension pour enfants, annoncée... et reportée

Le dossier du Premier ministre présentant la réforme indiquait que le gouvernement « souhaite engager une refonte de cette majoration afin qu'elle bénéficie davantage aux femmes et puisse intervenir dès le premier enfant[22] ». Au-delà de 2020, « la majoration actuelle sera progressivement plafonnée et transformée en majoration forfaitaire par enfant. Elle bénéficiera principalement aux femmes ». Le dossier ne précisait pas en quoi consistait cette refonte de la majoration.

Rappelons que la majoration de 10 % de pension accordée aux parents de 3 enfants et plus représente un montant non négligeable (6 milliards d'euros par an à l'époque, 8 milliards aujourd'hui) et qu'elle est doublement injuste. Calculée au prorata de la pension, elle rapporte plus aux hommes qu'aux femmes alors que c'est la carrière féminine qui est pénalisée par les enfants. De même, elle rapporte plus aux retraites les plus élevées et elle n'est pas imposée. L'annonce qu'elle serait revue était donc bienvenue.

Mais au final, la seule modification concernant cette majoration de 10 % a été... son intégration dans l'impôt sur le revenu. Et cette fiscalisation a pris effet immédiatement. L'évaluation des économies était de 1,2 milliard d'euros dès 2014, et de 1,5 milliard à l'horizon 2030. Il est assez paradoxal de voir présenter au rang des mesures de justice envers les femmes un projet de refonte de la majoration pour 3 enfants, non précisé et renvoyé à 2020, alors que la seule mesure effective concernant cette majoration est sa fiscalisation appliquée dès 2014, qui se traduit par une ponction

22. Dossier « Réforme des retraites » du Premier ministre, p. 5.

de 1,4 milliard sur le revenu des retraité·es parents de trois enfants et plus.

Remarquons que le gouvernement Ayrault et la ministre Marisol Touraine avaient insisté sur le fait qu'ils voulaient une réforme soucieuse d'égalité entre les sexes et que leur projet permettrait de réviser les dispositifs pour enfants pour mieux les rediriger vers les femmes. Le problème est que cette démarche ne s'inscrit pas dans une politique visant l'égalité de genre. Les droits familiaux accordés aux femmes au titre des enfants sont certes indispensables – toujours aujourd'hui – pour atténuer les inégalités de retraite entre les sexes et il ne peut être question de les réduire tant que la situation en amont n'a pas évolué. Mais il ne peut être question non plus de faire de leur renforcement l'outil d'une politique en faveur de l'égalité de pension : car ils ne font que compenser (très partiellement) *a posteriori* les inégalités de retraite entre les femmes et les hommes sans du tout agir sur leur source. Plus grave, ils sont à double tranchant et ont des effets pervers car ils ont tendance à enfermer les femmes dans le rôle de mère. Il s'agit d'un vrai dilemme (voir *infra*, « Quels droits familiaux en cohérence avec l'égalité... », p. 117).

En 2015, l'accord Agirc-Arrco : l'inauguration d'un bonus-malus, nommé coefficient de solidarité

Plusieurs mesures régressives sont inscrites dans cet accord[23] : notamment la sous-indexation des pensions complémentaires (c'est-à-dire une

23. Christiane Marty, « Retraites complémentaires : la régression continue », *Les Possibles*, n° 8, 2015.

revalorisation des pensions inférieures d'un point au taux de l'inflation jusqu'en 2018), le décalage de 7 mois, du 1er avril au 1er novembre, de la date annuelle de revalorisation des pensions, l'augmentation du taux d'appel*. Mais la mesure la plus inventive et la plus significative de cet accord, même si ce n'est pas celle qui est censée engranger le plus d'économies, c'est l'instauration d'un système de bonus et de malus, baptisé coefficient de solidarité ! Il aboutit à repousser d'un an l'âge où une personne pouvait auparavant toucher sa pension (base et complémentaire) sans abattement. À partir de 2019, une personne qui a atteint l'âge légal de départ à la retraite (62 ans) et qui a la durée de cotisation exigée pour bénéficier du taux plein se verra néanmoins appliquer un abattement de 10 % sur sa pension complémentaire, et ceci pendant trois années (deux années ferme, l'application la troisième année devant être éventuellement rediscutée en 2021). Pour éviter l'abattement, la personne devra rester en emploi un an de plus, jusqu'à 63 ans donc. Le principe de cette mesure revient donc à reculer d'un an, de 62 à 63 ans, l'âge d'ouverture du droit à la retraite complète. À l'inverse, les personnes qui prolongeront leur activité pendant un, deux ou trois ans après avoir atteint les conditions requises – à la fois l'âge de 62 ans et la durée de cotisation – pour bénéficier du taux plein sur leur pension de base profiteront d'un bonus respectif de 10 %, 20 % ou 30 % sur leur pension complémentaire… Toutefois, ce bonus sera appliqué pendant un an et non trois comme pour l'abattement.

L'accord prévoit néanmoins une modulation censée prendre en compte les faibles pensions pour éviter de leur appliquer un malus : les pensions éligibles à un taux nul de CSG ne subiront pas l'abattement, et celles éligibles au taux réduit de CSG auront un abattement de seulement (!) 5 %. Malgré cet aménagement du malus, les pensions pourtant très faibles de certaines personnes, femmes pour la plupart, pourront subir l'abattement de 10 %.

Une injustice liée à la fixation du taux de CSG en fonction du revenu fiscal de référence

La modulation du taux d'abattement renvoie donc sur les différents niveaux de CSG, qui sont déterminés en fonction du revenu fiscal de référence (RFR) du foyer fiscal. Le taux normal de CSG est de 8,3 % sur les pensions. Un taux réduit de CSG à 3,8 % s'applique si le revenu fiscal de référence est compris entre un montant plancher et un montant plafond, les deux variant selon le nombre de parts. Un taux nul (exonération de CSG) s'applique si le RFR est inférieur au montant plancher. Le problème est que, pour tout couple marié ou pacsé, l'imposition est commune, le RFR correspond donc aux revenus globaux du couple : il est le même pour ses deux membres quel que soit leur revenu respectif. Or dans la grande majorité des couples, la femme a un salaire ou une pension inférieure à celle de son conjoint. Ainsi, même si la pension de la femme en elle-même était éligible à un taux nul de CSG (ou bien à un taux réduit), et par conséquent éligible à un malus nul (ou bien réduit) sur sa pension complémentaire, elle risque fort de se voir tout de même concernée par le malus de 10 % du fait d'un revenu plus élevé de son conjoint qui fera passer le RFR du couple au-dessus du seuil permettant le taux réduit ou nul... (À noter que déjà, dans ce cas de figure, la pension de cette femme subit un taux de CSG qui est surévalué par rapport à son niveau personnel de pension). Or, il n'est pas nécessaire que la pension du conjoint soit très élevée pour faire franchir le seuil qui rend possible le malus de 10 %. Par exemple, selon un calcul fait sur les seuils en vigueur en 2015, si une femme a une pension mensuelle de 750 euros – ce qui devrait normalement l'exclure de tout malus potentiel – et si son conjoint a une pension de 1 250 euros, la femme sera concernée par le malus de 10 % sur sa pension personnelle ! Ce problème renvoie plus globalement aux inégalités générées par l'imposition commune des couples, avec en particulier le dispositif du quotient conjugal (voir *infra* « Une fiscalité ne défavorisant pas l'activité des femmes », p. 142).

En 2019, la réforme Macron-Delevoye : un tour de passe-passe sur l'âge du taux plein

En 2017, le candidat Macron à l'élection présidentielle avait inscrit dans son programme la mise en place d'un système unique[24] de retraites, réputé plus juste, fonctionnant par points. Il avait répété que l'âge légal serait maintenu à 62 ans et qu'il n'y aurait pas d'allongement de la durée de cotisation car « après plus de vingt ans de réformes successives, le problème des retraites n'est plus un problème financier[25] ». Le projet de système par points a été abandonné en 2020 du fait de l'émergence de la crise du covid-19 mais aussi des très fortes mobilisations sociales dans tout le pays. Malgré cet abandon, il est instructif d'en présenter au moins les grandes lignes, ainsi que les mesures qui,

24. Le système était aussi appelé universel. Mais on ne reprendra pas ce terme qui est connoté positivement, exprimant l'universalité des droits et l'égalité, alors que le projet organiserait une universalité de droits au rabais.

25. Site du candidat Emmanuel Macron : https://en-marche.fr/emmanuel-macron/le-programme/retraites.

à grands coups de communication (mensongères), avaient vocation à séduire les femmes. C'est, en effet, la première fois que la rhétorique sur l'amélioration des retraites des femmes était aussi développée... alors que dans la pratique, le projet aurait été désastreux pour le niveau de leur pension.

En octobre 2018, Jean-Paul Delevoye, Haut-commissaire à la réforme des retraites, présente à la presse[26] les grandes lignes du nouveau système. Les précédentes réformes avaient été menées au nom de l'équilibre financier des régimes, mais le déficit étant en voie de résorption (au prix d'une baisse continue du niveau des pensions), l'objectif affiché est alors de créer un système universel pour remplacer les 42 régimes existants. Le projet complet ne sera connu qu'en juillet 2019, mais le cadre général est défini. Ce sera un régime par points et l'équité est le maître mot : « un euro cotisé donnera les mêmes droits ». « À carrière identique, et revenu identique, la retraite doit être identique ». Sur France Inter le 11 octobre 2018, J.-P. Delevoye soulignait à nouveau : « la retraite est le reflet de la carrière, ça, c'est quelque chose qui est juste. Si vous avez une belle carrière, vous avez une belle retraite, si vous avez une moins belle carrière, vous avez une moins belle retraite ». Il aurait pu poursuivre : « si vous avez une carrière courte et de faibles salaires, vous avez une faible retraite (et tant pis pour les femmes) ».

Ce principe obéit simplement à un calcul mécanique aveugle, qui n'a pas grand-chose à voir avec l'équité. Car tout le monde n'a pas les mêmes chances de faire une belle carrière, ne serait-ce que du fait de l'inégal accès aux diplômes selon les catégories sociales, et

26. Dossier de presse du Haut-Commissariat, 10 octobre 2018, *Vers un système universel de retraites, plus simple, plus juste, pour tous.*

du fait des contraintes économiques – fort niveau de chômage et de précarité –, des risques de maladie, ou des normes sociales qui pèsent sur les femmes en leur attribuant la charge de l'éducation des enfants[27]. L'équité consisterait précisément à retenir un système qui permette d'assurer une pension convenable à toutes les personnes qui ont une « moins belle carrière ».

En juillet 2019, le rapport « Pour un système universel de retraite[28] » est remis au Premier ministre et une concertation est engagée avec les partenaires sociaux. Ce rapport témoigne d'un redoutable savoir-faire en matière de communication ! Ainsi est-il affirmé que le système prévu sera plus lisible, plus juste, notamment pour les jeunes, les personnes aux carrières précaires, les polypensionnés, etc., « plus protecteur pour les personnes connaissant des carrières heurtées ou courtes, plus favorable que le système actuel pour les rémunérations les plus faibles et pour les femmes qui sont très nombreuses dans ces catégories » ; « il offrira plus de liberté dans le choix de l'âge de départ » ; il reconnaîtra la pénibilité de certains métiers, les droits familiaux seront renforcés et « mieux orientés vers le parent qui subit les conséquences sur sa carrière, le plus souvent des femmes » ; « il garantira un haut niveau de protection sociale pour tous ».

Bref, un système absolument séduisant. En dépit de cette présentation dithyrambique, la réalité s'avère très différente[29]. Le système projeté organise une régression sociale accentuée par rapport à l'évolution tendancielle des réformes précédentes. D'une part, c'est la logique

27. Voir Christiane Marty, « Retraites des femmes, un enjeu décisif pour toute réforme », *Les Possibles*, n° 18, 2018.

28. Jean-Paul Delevoye, *Pour un système universel de retraite, op. cit.*

29. Voir Christiane Marty, « Retraite Delevoye : un projet régressif », Attac, 9 septembre 2019.

d'un régime par points de renforcer la contributivité du système de retraites (annexe 1, p. 173), et donc de renforcer l'individualisation des pensions au détriment de la part de solidarité. D'autre part, une nouvelle définition de l'âge du taux plein, dit aussi âge d'équilibre, ou âge pivot, revient à allonger la durée de cotisation, sans le dire, par un nouveau système de décote.

En premier lieu, la stabilisation des dépenses de retraites dans le PIB est explicite dans le rapport. Ce qui contredit déjà l'objectif de garantir un haut niveau de protection sociale pour tous et toutes, puisque la part des retraité·es augmentant dans la population, plafonner la part des dépenses signifie baisser le niveau des pensions. Ensuite, même si le gouvernement affirme maintenir le principe de la répartition, le projet élargit la voie pour la capitalisation. Sur la tranche de salaire annuel supérieure à 3 fois le plafond de la Sécurité sociale (correspondant alors à environ 10 000 euros bruts mensuels), on ne cotisera plus dans le système commun. C'est-à-dire que le seuil de cette tranche est fortement abaissé, puisqu'il était (et est toujours) de 8 fois ce plafond. Les hauts revenus concernés sont renvoyés vers une épargne retraite privée qui est favorisée par des avantages fiscaux, payés donc par tous les contribuables. Ces avantages étaient déjà inscrits dans la loi Pacte adoptée en avril 2019. La capitalisation étant officiellement entrée dans le système de retraites, son champ pouvait facilement être élargi ensuite en abaissant progressivement le seuil de revenu non autorisé à cotiser au régime commun. Plafonner les dépenses publiques de retraite et ouvrir progressivement son champ à la capitalisation, la réforme se situe bien dans la continuité des précédentes malgré l'affichage d'une refonte totale.

Un nouvel « âge du taux plein » ou âge d'équilibre

Le président Macron avait affirmé que la réforme ne toucherait pas à l'âge légal de la retraite. Mais le système projeté organise de fait le recul du départ effectif. C'est l'un des rares points reconnus: «Le système universel incitera au prolongement de l'activité». La méthode est habile et hypocrite. Comme il n'y a pas de notion de taux plein dans un système par points, l'innovation consiste à en définir un. «Un âge du taux plein sera proposé aux Français: il leur permettra, exactement comme aujourd'hui, d'être certains qu'en cas de départ à cet âge, ils bénéficient d'un taux plein représentant le rendement optimal du système. Il permettra à ceux qui souhaitent travailler au-delà de bénéficier d'une majoration de leur retraite. Il permettra à ceux qui le veulent de savoir à quel âge ils peuvent atteindre le taux de remplacement (par rapport à leur rémunération) ou le montant de retraite qu'ils souhaitent[30] ».

L'âge du taux plein est alors « celui qui permet d'équilibrer le financement des retraites[31] ». D'après les projections établies à l'échéance 2025, cet âge est de 64 ans. Ainsi, le projet laisse ouverte la possibilité de partir à l'âge légal de 62 ans, mais les pensions subiront un abattement – une décote – de 10 % dans ce cas, ou de 5 % pour un départ à 63 ans ! À l'inverse, il est prévu une surcote pour un départ après 64 ans. On reconnaît là l'innovation de l'accord Agirc-Arrco avec son «coefficient de solidarité». Le système est ainsi «fondé sur la liberté de choix», reprenant l'argument inauguré par François Fillon en 2003 ! Mais pour de nombreuses personnes, les

30. Jean-Paul Delevoye, *Pour un système universel de retraite*, *op. cit.*, p. 8.

31. *Ibid.*, p. 47.

pensions diminuées de 10 % seront trop faibles à 62 ans. Cette prétendue liberté de choisir entre partir avec une pension diminuée, ou continuer à travailler pour acquérir des points supplémentaires se réduit à peu de choses lorsqu'on sait que la fatigue et la morbidité touchent de plus en plus de salarié·es en vieillissant, et que la moitié seulement des personnes du privé sont encore en emploi au moment de liquider leur retraite : pour ces personnes, reculer l'âge de départ signifie allonger la période de précarité entre la fin d'emploi et le moment de percevoir la pension (ce qui est le même problème avec le projet suivant de réforme en 2022).

L'âge de 64 ans est baptisé âge d'équilibre puisqu'il permet d'équilibrer le financement, il est appelé à augmenter ensuite. Car l'équilibre financier devient « la règle d'or » : la modification des paramètres du système devient possible en continu au nom de cette règle ! L'âge du « taux plein » sera l'un des leviers de pilotage du système. C'est la caractéristique d'un régime par points : son évolution se fait par des mesures techniques d'ajustement, décidées sans avoir à passer par une réforme... ce qui escamote ainsi tout débat public sur l'évolution des retraites et sur le partage de la richesse produite.

Une communication résolument mensongère vis-à-vis des femmes

Signalons avant tout un fait notable : pour la première fois, un rapport officiel remis au ministre reconnaît que « le système actuel de retraite ne fait pas que refléter ces inégalités [professionnelles entre les femmes et les hommes], il les amplifie[32] ». C'est ce

32. *Ibid.*, p. 70.

que les féministes ont régulièrement dénoncé lors des réformes passées, mais qui a toujours été nié par les gouvernants en charge des réformes de retraite. En 2019 bien sûr, il devient utile de critiquer le système actuel pour mieux promouvoir le système projeté.

Tout au long du rapport, l'argumentation vise à persuader que le nouveau système sera plus avantageux pour les carrières courtes, donc pour les femmes, et que les nouveaux droits familiaux représenteront même « une avancée majeure » pour elles. Début décembre 2019, le Premier ministre Édouard Philippe affirme même que « les femmes seront les grandes gagnantes du nouveau système ». Tout est faux. Ces déclarations font monter encore l'indignation des féministes et syndicalistes qui accentuent leurs mobilisations (voir *infra* « la montée progressive de la question des retraites des femmes dans le débat public et les mobilisations », p. 95).

Tout d'abord, le passage à un système par points, à l'opposé de ce qui est affirmé, pénalise les carrières courtes et heurtées. Il est utile d'y insister. Dans un régime par points, le calcul de la pension est basé sur l'ensemble de la carrière et non plus, comme aujourd'hui dans le régime général, sur les 25 meilleures années de salaires, ou dans la fonction publique, sur les six derniers mois. Toute période non travaillée est ainsi synonyme de réduction de la future pension. Les personnes avec des périodes de chômage non indemnisé, de temps partiel, avec des carrières courtes, des bas salaires – les femmes particulièrement – sont mécaniquement pénalisées. Rappelons qu'en 1993, le calcul de la pension au régime général avait été modifié pour prendre comme salaire de référence la moyenne des 25 meilleures années, au lieu des 10 meilleures auparavant. Cette réforme avait abouti à une baisse conséquente des pensions au moment de la liquidation, avec une baisse plus sévère encore pour les femmes car du fait de leur carrière en moyenne plus courte, davantage de mauvaises années entrent dans le calcul.

Pour les fonctionnaires, il était évident que la prise en compte de toute la carrière au lieu des seuls 6 derniers mois entraînerait une baisse de la pension : cela n'était pas contesté. Le rapport indiquait donc que les primes liées à certains postes de fonctionnaires seraient intégrées dans le calcul de la pension, ce qui n'était pas, et n'est toujours pas, le cas aujourd'hui. Mais rien ne garantissait que leur intégration suffise à empêcher la baisse de pension : tout dépend du montant des primes perçues. Or dans de nombreux métiers, il n'y en a pas, ou peu (enseignant·es par exemple). De manière générale, les femmes fonctionnaires perçoivent des primes significativement moins élevées que les hommes[33]. Jean-Paul Delevoye reconnaissait qu'il y aurait des fonctionnaires pénalisés mais qu'il faudrait « profiter de cette opportunité pour éventuellement mettre en place une politique de rémunération » !

Ensuite, c'est la présentation des droits familiaux qui est absolument malhonnête. Il est indiqué à plusieurs reprises que le système permettra d'attribuer des droits familiaux « dès le premier enfant » et qu'il s'agit d'une « avancée majeure pour les femmes » : comme si ces droits n'existaient pas déjà aujourd'hui. Le rapport escamote totalement l'existence des majorations de durée d'assurance (MDA) attribuées pour tout enfant, dès le premier ! Le système actuel est décrit simplement comme une « majoration de 10 % de la pension uniquement pour 3 enfants et plus. La majoration est

33. Chloé Duvivier, Joseph Lanfranchi et Mathieu Narcy, « Les sources de l'écart de rémunération entre femmes et hommes dans la fonction publique », *Économie et Statistique*, n° 488-489, 2016.

accordée aux deux parents[34] ». Il est impossible de mettre cette présentation sur le compte d'une erreur ou d'une méconnaissance du système. Cela relève de la volonté de tromper sciemment l'opinion publique, en faisant miroiter pour les femmes de « nouveaux droits dès le premier enfant » !

Le système actuel et le système projeté

Une majoration de 10 % de la pension est attribuée à chacun des parents de 3 enfants et plus. Elle est (unanimement reconnue comme) injuste. Du fait qu'elle est proportionnelle à la pension, elle rapporte davantage aux hommes qu'aux femmes : ils sont ainsi bénéficiaires des deux tiers des 8 milliards de cette majoration, alors que ce sont très majoritairement les femmes qui sont pénalisées par l'éducation des enfants.

En plus de ce dispositif, il existe des majorations de durée d'assurance (MDA) attribuées pour chaque enfant qui représentent, comme indiqué précédemment, dans le régime général 4 trimestres pour les mères au titre de la maternité, et 4 autres trimestres pour le père ou la mère, au choix du couple, au titre de l'éducation. Par défaut de choix exprimé, les 4 trimestres vont aux mères. Dans la fonction publique, c'est seulement 2 trimestres par enfant qui sont attribués à la mère au titre de la maternité, complétés éventuellement par une validation de période d'interruption d'activité de l'un ou l'autre des parents, période qui peut aller jusqu'à 3 ans.

Or dans le système projeté, il est prévu une majoration de pension de 5 % par enfant, qui pourra être attribuée, au choix du couple, soit totalement à l'un ou l'autre des parents, soit par moitié à chacun des parents.

34. Jean-Paul Delevoye, *Pour un système universel de retraite*, *op. cit.*, p. 72.

Sans choix exprimé, cette majoration ira par défaut aux mères. Cette majoration remplace donc à la fois les MDA (dont l'existence est occultée dans le rapport) et la majoration de 10 % pour 3 enfants et plus. Le rapport assure que cela réduira les inégalités de retraite entre les femmes et les hommes. Mais, alors que le rapport produit des simulations comparant « système actuel/ système universel » pour de nombreuses autres modifications, aucune n'est fournie sur cette nouvelle disposition (ce qui se comprend puisqu'il aurait alors été obligé de révéler l'existence des MDA).

Il n'est pas facile *a priori* de savoir si la majoration de 5 % par enfant est avantageuse ou non pour les femmes avec un ou deux enfants : car tout dépend de la durée de carrière réalisée, des majorations liées aux enfants dans la pension de base et dans le régime complémentaire concerné[35], de la durée de carrière exigée pour la génération concernée, de la décote éventuelle. Il faudrait un outil de simulation dont nous ne disposons pas. En revanche, pour les mères de trois enfants, on peut s'en faire une idée. Dans le projet, la majoration de pension serait de 15 % (5 % par enfant) au lieu de 10 % actuellement. Mais il faut prendre en compte que les MDA disparaîtraient. Or celles-ci sont conséquentes puisqu'elles attribuent, au régime général, 6 annuités pour 3 enfants. Ces annuités de MDA s'ajoutent à la durée cotisée au titre de l'emploi et elles contribuent à majorer le montant de la pension. Une évaluation est proposée en annexe 5 pour le cas type d'une femme née en 1946, mère de 3 enfants, qui a accompli la durée de carrière moyenne de sa génération. Pour cette femme, aujourd'hui retraitée, la

35. Les majorations de pension pour enfants étaient différentes entre les régimes Agirc et Arrco jusqu'en 2019.

majoration de pension a été *a minima* de 23 % . Dans le système projeté, elle n'aurait été que de 15 %, soit une perte pour elle de 8 % de sa pension. Ce n'est qu'une évaluation sommaire pour un cas particulier, mais c'est un autre élément qui dément « l'avancée majeure pour les femmes ».

La majoration envisagée de 5 % par enfant reproduit le même défaut qu'actuellement

Le fait que la majoration pour enfant soit établie en proportion de la pension et non en forfait par enfant reproduit l'injustice de la majoration de 10 % pour 3 enfants, qui bénéficie bien plus aux hommes. On peut, en outre, craindre que les couples qui mettent en commun l'ensemble de leurs ressources[36] aient tendance à privilégier l'attribution de la majoration au père du fait qu'il aura à terme, très probablement, la pension la plus élevée : ce sera plus intéressant sur le plan financier au niveau global du couple. Mais que se passera-t-il en cas de séparation, ce qui arrive de plus en plus fréquemment ?

Remarquons que l'option de laisser le choix au couple en privilégiant les mères par défaut de choix exprimé, existe déjà actuellement. Elle ne constitue donc pas un progrès, contrairement à ce qui est répété dans le rapport. Le vrai progrès consisterait à concilier les dispositifs du système de retraite avec l'objectif d'égalité entre les femmes et les hommes (voir le quatrième chapitre).

36. Selon l'étude de Sophie Ponthieux, parmi les couples dont les deux conjoints sont actifs, 59 % déclarent mettre en commun la totalité de leurs ressources, et 30 % parmi les couples pacsés. « La mise en commun des revenus dans les couples », *Insee première*, n° 1409, 2012.

La pension de réversion : un recul sous différents aspects

Pour rappel, une pension de réversion est versée au conjoint ou à la conjointe[37] d'une personne décédée, elle représente une certaine proportion de la pension de cette dernière. Il existe, toujours actuellement, une diversité de dispositifs de réversion, avec des taux de pension allant de 50 à 60 %, des conditions différentes sur l'âge d'ouverture du droit, sur la possibilité de remariage et l'existence ou non de conditions de ressources (voir annexe 6, p. 205). Il est bienvenu de chercher à les harmoniser, mais cela ne nécessite pas de changer de système. L'harmonisation envisagée dans le projet Delevoye acte un recul sur plusieurs points. Rappelons que les femmes représentent 89 % des bénéficiaires.

On peut mentionner tout d'abord, un recul important sur l'âge d'ouverture : le droit à réversion ne sera ouvert qu'à l'âge de 62 ans, alors qu'il est aujourd'hui de 55 ans au régime général et pour la plupart des régimes, de 50 ans pour l'Ircantec et qu'il n'y a pas de seuil d'âge pour la fonction publique. Recul aussi pour les ex-conjoints : le droit à réversion est supprimé pour les personnes divorcées ou remariées (pour les divorces intervenus après 2025). La question des droits à la retraite dans les cas de divorce est renvoyée aux juges des affaires familiales, à qui il appartiendra donc de trouver une solution... La condition de ressources qui existe dans le seul régime général pour avoir droit à la réversion est supprimée : cette condition est en effet assez restrictive, puisque pour une personne seule, les revenus ne doivent pas dépasser le seuil

37. Il n'y a plus de différence entre les deux membres d'un couple marié pour l'accès à une pension de réversion.

de 21 985 euros annuels soit 1 832 mensuels, pour y avoir droit. Cependant, on peut penser qu'un seuil de ressources n'est pas illégitime (voir « Quelle fonction pour la pension de réversion », p. 122). Une occasion de progrès a été manquée : il aurait été positif d'adapter la réversion aux nouvelles formes de conjugalité, en ouvrant le droit à la pension de réversion aux personnes pacsées. Ce qui a été exclu.

Ensuite, pour ce qui est du montant, le principe retenu est de « garantir le niveau de vie de la personne survivante », ce qui donne lieu à l'énoncé suivant : celle-ci devra conserver 70 % des droits à pension (P) cumulés du couple. La pension de réversion sera donc calculée selon la formule :

$$0{,}7 \times (P_{\text{personne survivante}} + P_{\text{personne décédée}}) - P_{\text{personne survivante}}$$

Si le principe de maintenir le niveau de vie semble juste, on constate que cette formule censée le définir aboutit concrètement à ce que des personnes ayant un niveau modeste de pension seraient perdantes : ainsi par exemple, une veuve touchant une pension de 1 000 € (régime général + Arrco), dont le mari décédé touchait une pension comprise entre 1 000 et 2 000 euros, toucherait une pension de réversion plus faible qu'aujourd'hui (calculs présentés en annexe 7, p. 207). Dans le cas d'un couple où les deux conjoints touchent chacun 1 000 euros de pension, cette baisse serait de 158 euros par mois (400 € au lieu de 558 € actuellement).

En fait, dès qu'un membre du couple gagne plus d'un tiers du revenu total, c'est-à-dire plus de la moitié du revenu de son conjoint (ce seuil est un peu plus élevé pour la fonction publique), sa pension de réversion baisserait. Et ce, quel que soit le niveau de revenu. La baisse serait d'autant plus importante que les deux conjoints ont des pensions proches. Il serait intéressant d'avoir la simulation du montant des économies réalisées par cette réforme de la réversion... qui s'appliquerait au détriment des femmes.

Au bout du compte, le projet dévoilé en juillet 2019 avait fait l'objet de huit mois de concertations avec les « partenaires sociaux », qui ont reconnu des débats de haute tenue et une capacité d'attention de la part de M. Delevoye et de son équipe. Les concertations se sont poursuivies ensuite. Pourtant, malgré des échanges de qualité, les réactions syndicales ont été unanimes : la concertation n'a pas ouvert sur des compromis. Derrière les grands principes affichés, la volonté de faire baisser les pensions a persisté. En particulier, l'instauration d'un l'âge d'équilibre, aussi nommé âge pivot, a été qualifiée de tour de passe-passe qui repousse la retraite sans le dire par un système de décote. Même le Medef a qualifié de « mensonge par omission » la déclaration du gouvernement selon laquelle le projet ne touchait pas aux 62 ans.

La tension sociale est donc montée. En décembre 2019, la mobilisation contre la réforme débute et se poursuit début 2020. C'est le mouvement social le plus important depuis 2010. Il est porté en particulier par des grèves dures à la SNCF et à la RATP et soutenu par une grande partie de la population. Dans de nombreuses manifestations, le slogan « les femmes grandes perdantes de la réforme » fait partie des mots d'ordre. Le 24 janvier 2020, le projet de loi instituant un système universel de retraite est présenté en Conseil des ministres, mais au printemps 2020, la crise du covid, mais aussi le mouvement social, ont interrompu l'examen de la loi au Parlement

Un cap symbolique a été franchi dans la régression

Jusqu'à présent, la pension moyenne de l'ensemble des retraité·es augmentait régulièrement au fil des ans, par le simple jeu du renouvellement de la population à la retraite. Les nouvelles générations qui arrivent à la retraite, qui sont mieux formées et ont bénéficié dans l'ensemble de meilleures carrières, viennent en effet remplacer les générations les plus anciennes qui décèdent et qui avaient de plus faibles pensions. Ce mécanisme influe à la hausse sur le niveau moyen de pension de l'ensemble des retraité·es. C'est l'effet dit de noria. Il représente une évolution positive assurant à chaque génération une pension meilleure que celle de la précédente. Mais depuis 2017, l'effet de noria ne joue plus[38]: la pension des personnes nouvellement retraitées de chaque année est devenue inférieure à celle de l'ensemble des retraité·es! Ainsi le montant brut des pensions de droit direct des personnes parties en retraite en 2020 est de 1 466 euros par mois, contre 1 509 euros pour la pension moyenne de l'ensemble des retraité·es. Pourtant cette pension de l'ensemble des retraité·es a elle-même baissé en euros constants (légère baisse de 0,7 % entre 2015 et 2020) du fait d'une revalorisation des pensions inférieure à l'inflation sur cette période. C'est un cap symbolique inquiétant qui est franchi.

Cette inversion est-elle durable ou bien n'est-elle que transitoire ? La Drees ne se prononce pas. Mais elle signale et commente l'inflexion à partir des générations nées à la fin des années 1940: la pension moyenne de droit direct augmentait au fil des générations jusqu'à celle née en 1947, pour les femmes comme pour les

38. Drees, *Les retraités et la retraite*, 2022, p. 52.

hommes. Mais cette tendance s'inverse ensuite. La pension moyenne des retraité·es de la génération 1947 est supérieure à celle des retraité·es de la génération 1950. Cette «inflexion», explique la Drees, «pourrait traduire, pour partie au moins, les effets des réformes récentes des régimes de retraite (baisse du rendement des points dans les régimes complémentaires, hausse de la durée de référence pour une carrière complète dans les régimes de base, etc.) ou des politiques salariales (gel du point d'indice dans la fonction publique, etc.)[39] ». Bel euphémisme pour constater les effets néfastes des politiques menées les trente dernières années !

Ajoutons pour finir que l'écart de pension entre les sexes se réduit, notamment, en raison d'une baisse moyenne des pensions plus forte pour les hommes que pour les femmes (une égalisation par le bas en quelque sorte...), en lien avec la diminution de la proportion d'hommes à carrières complètes[40] alors que chez les femmes, cette proportion est encore en train d'augmenter. Mais pour combien de temps ?

La montée progressive de la question des retraites des femmes dans le débat public et les mobilisations

Le thème des inégalités de pension entre les sexes et celui des faibles pensions des femmes ont été progressivement intégrés dans le discours des gouvernants lorsqu'ils présentaient leur projet de réforme, comme en témoigne la présentation des réformes successives. Cette évolution répondait au fait que ces questions

39. *Ibid.*, p. 62.
40. *Ibid.*, p. 65.

avaient émergé dans le mouvement social et syndical, à la suite d'analyses produites par des militantes féministes, en parallèle avec des études académiques de chercheuses et chercheurs (Ined, Insee, Drees, ...). Le COR également a produit plusieurs documents de travail. Côté institutions européennes, le Parlement et la Commission ont aussi publié des rapports établissant des comparaisons entre pays des inégalités de genre, notamment dans les retraites.

Il est intéressant d'avoir un regard sur l'évolution de la visibilité de cette question dans le mouvement social qui s'est opposé à chacune des réformes de retraites depuis 2003. Ce qui suit ne prétend pas être exhaustif mais simplement apporter quelques éléments sur les avancées et les limites de cette progression.

Absente lors de la réforme Balladur en 1993, la question des retraites des femmes fait son apparition avec François Fillon : il affirme en juillet 2003 se préoccuper des inégalités entre les femmes et les hommes... pour contester le fait que l'allongement de la durée de cotisation pénaliserait plus fortement les femmes. Il explique que le « décalage » [*sic*] des pensions entre les hommes et les femmes va se réduire compte tenu de l'allongement des carrières des femmes, et qu'il ne restera à terme que l'écart lié eux inégalités de salaire. Ce qui, ajoute-t-il, relève de l'action du gouvernement sur l'égalité professionnelle mais non de la réforme des retraites. La même année, en avril, la Commission genre d'Attac avait produit un document intitulé « Femmes et retraites : nous sommes toutes et tous concernés ! ». Ce document analysait les effets régressifs, notamment sur les femmes, de la réforme de 1993. Il liait la question de la retraite et celle de l'emploi ; il soulignait déjà le potentiel de l'activité des femmes à la fois du point de vue de leur autonomie et de l'amélioration du financement des retraites. Il formulait des revendications pour corriger des inégalités particulières au sein du système de retraites et en amont, améliorer l'emploi des femmes. Il concluait « c'est l'ensemble de la protection sociale, de la conception de la solidarité et des rapports entre les hommes et les femmes qui est en jeu lorsqu'on intègre la dimension du genre. Il s'agit bien d'un choix de société ». Ce document est reproduit en annexe 3, il n'y aurait pas grand-chose à modifier aujourd'hui. Il a été largement diffusé dans les milieux militants féministes, initiant un travail d'information et de formation sur ces questions.

La Commission genre d'Attac a aussi rédigé en juin 2003 un projet de tribune « Les femmes vont continuer à payer le prix fort ! » destinée à devenir une expression syndicale unitaire : elle a, en effet, été signée par six femmes principales responsables des syndicats CGT, CFDT, FO, FSU, Unsa et Solidaires et publiée dans le journal *Le Monde* du 11 juin (annexe 4), le jour même d'une importante manifestation organisée en opposition à la réforme. Cette tribune a constitué une première, à la fois en tant que texte centré sur les retraites des femmes, et en tant que publication unitaire de responsables des principales organisations syndicales, alors que ces organisations n'ont pas souvent réussi à préserver un cadre unitaire lors de ces réformes du fait de leurs divergences. Néanmoins, ce n'était là qu'un petit pas en avant, malgré lequel la question du sort fait aux femmes dans cette réforme est restée assez invisible en 2003 lors du mouvement social.

Des avancées à partir de 2010

C'est en 2010 que la question de la retraite des femmes a été pour la première fois très présente dans le débat public et dans le mouvement social – c'est cette évolution qui est plus particulièrement analysée ici. Elle renvoie très probablement à deux raisons, qui ont interagi l'une sur l'autre. La première tient à la poursuite du travail militant d'analyse et d'information (qui a continué ensuite pour les réformes suivantes[41]) ainsi qu'aux réunions et débats publics organisées par des féministes et/ou en lien avec les secteurs femmes des syndicats sur ces sujets. Ces réunions témoignaient de l'importance des inégalités globales entre les sexes et de l'impact sur les femmes des réformes passées ou en cours. Des argumentaires ont été produits pour démonter le discours du gouvernement. Celui-ci invoquait l'équité pour justifier la réforme : équité envers les jeunes générations, les métiers pénibles, les carrières longues, etc. mais ne mentionnait pas l'équité envers les femmes... Pas un seul élément de la réforme envisagée n'allait de fait dans le sens d'une diminution des inégalités femmes-hommes. Éric Woerth, ministre en charge du dossier des retraites, répétait en boucle que la seule question avec les retraites des femmes était « celle de la différence de salaires ». Ce qui ne convainquait plus grand monde du côté des opposant·es. Le constat selon lequel la retraite non seulement reproduit mais amplifie les inégalités salariales était acquis, au moins chez les féministes. Dans les manifestations, on pouvait lire des pancartes comparant le salaire moyen des femmes à 80 % de celui des hommes, et leur pension à 62 % de celle des hommes. Cette dimension est donc

41. Divers articles et analyses figurent sur les sites internet d'Attac et de la Fondation Copernic, et la question des retraites des femmes est intégrée dans les livres *Retraites l'heure de vérité*, puis dans *Retraites l'alternative cachée*, publié respectivement en 2010 et 2013. Des tribunes, y compris signées collectivement par des militantes féministes et syndicalistes, ont été publiées à l'occasion de chaque nouveau projet de réforme dans la presse (*Libération*, *Le Monde*, *Mediapart*, *L'Humanité*, *Le Monde diplomatique*).

apparue à juste titre comme un condensé de l'injustice de la réforme. Le gouvernement n'avait aucune réponse valable et son discours sur ce point s'est réduit à des mensonges (voir *supra* « En 2010, la réforme Woerth : un recours aux affirmations mensongères », p. 62).

Dès le printemps 2010, un Collectif national sur les retraites a été initié par les associations Attac et Fondation Copernic à partir de l'appel « Faire entendre les exigences citoyennes sur les retraites ». Il a rassemblé des partis politiques de gauche, des organisations syndicales et des associations. La participation de militantes et militants féministes de ces organisations a permis que la dimension des retraites des femmes soit prise en compte. Elle a été systématiquement présente dans toutes les réunions publiques unitaires organisées un peu partout en France entre mai et la fin du mouvement en octobre. Les associations, les syndicats, les partis politiques ont intégré cette dimension dans leurs discours et/ou leurs tracts.

En septembre 2010, les associations Attac et Fondation Copernic, ainsi que plusieurs députés du PCF, du PG, du PS et des Verts ont saisi la Halde (Haute autorité de lutte contre les discriminations et pour l'égalité) pour discriminations envers les femmes sur la question des retraites : le dossier établi pour cette saisine démontrait que certaines mesures existantes et/ou figurant dans le projet de loi réformant les retraites constituent des discriminations indirectes envers les femmes puisqu'elles les touchent plus particulièrement. La démarche a été relativement bien médiatisée, ce qui a permis d'appuyer la dénonciation du caractère illégitime de la réforme. Notons qu'à ce jour, la saisine n'a toujours pas reçu de réponse de la part de la Halde !

La seconde raison de la meilleure présence de la question des femmes dans le débat sur les retraites tient au fait que le discours sur leur situation était en résonance avec ce que vit une bonne partie de la population. L'argumentaire sur les faibles retraites des femmes, les inégalités et les conséquences particulièrement néfastes pour elles des mesures était, en effet, en prise directe avec le vécu des femmes, parce qu'elles sont très nombreuses à avoir concrètement mesuré l'impact des réformes passées pour elles-mêmes ou pour une femme de leur entourage. Elles sont nombreuses à travailler à temps partiel pour disposer de plus de temps pour les tâches domestiques et parentales, alors qu'un emploi à temps partiel ne donne droit qu'à une pension partielle. Un emploi à mi-temps au SMIC maintient dans la pauvreté. Les femmes sont les plus nombreuses dans les emplois précaires, enchaînant petits boulots, périodes de chômages ou même retrait de l'activité, et elles se demandaient ce que vaudrait leur pension le moment venu. Le recul de deux ans de l'âge de départ était très mal perçu par ces femmes aux faibles salaires, aux métiers pénibles, peu reconnus, comme les aides-soignantes, les agentes de nettoyage, les aides à domicile, les assistantes de vie, les vendeuses, etc. Elles étaient de plus en plus conscientes de l'insuffisante reconnaissance sociale dont elles bénéficient. Une partie des médias a bien décrit toute cette situation à partir de témoignages vécus, et en mettant en évidence pour des profils types de carrières de femmes le montant très insuffisant de la pension. La situation des femmes était donc emblématique de l'injustice de la réforme, l'opinion publique l'a bien perçu, ce qui a largement contribué au rejet du projet. Les quelques concessions lâchées au dernier moment par le gouvernement étaient dérisoires et ont fait figure de provocation. Elles n'ont en rien entamé l'opposition à la réforme.

En septembre 2010, des organisations féministes et des femmes militantes d'Attac, de syndicats et de partis se sont rencontrées pour prendre ensemble des initiatives afin de rendre plus visibles le problème des retraites des femmes dans le mouvement social. Elles ont souhaité constituer un cortège de femmes dans les manifestations pour porter les revendications communes. Ce qui a été accepté. L'organisation d'un cortège rassemblant des femmes des différents syndicats, associations ou partis politiques a donc pris un sens politique allant au-delà de la simple volonté de se rassembler pour mieux se faire entendre : elle affirmait que la question de la retraite des femmes est un thème à part entière, capable d'unifier de nombreuses femmes au-delà de leurs appartenances syndicales ou partidaires, ce qui a une portée symbolique forte. À partir du 23 septembre, un cortège unitaire de femmes – dans lequel il y avait aussi des hommes – a défilé dans les manifestations parisiennes et parfois aussi en province.

Les limites de ces avancées

Le mouvement social de 2010 sur les retraites n'a pas réussi à stopper le projet de loi, et c'est évidemment sa première limite. Concernant le sujet des retraites des femmes, l'avancée que constitue sa visibilité dans le mouvement social trouve sa limite dans le constat qu'on en est resté à la dénonciation des inégalités, sans que ce problème ne trouve véritablement la place qui aurait dû être la sienne dans le débat politique, les préoccupations syndicales et les enjeux de la concertation. Ni l'interrogation sur les causes profondes des inégalités, ni les propositions concrètes pour améliorer la situation y compris en amont de la retraite ne sont passées sur la scène publique.

En particulier, si les carrières plus courtes des femmes et la prédominance féminine de l'emploi à temps partiel sont, à juste titre, régulièrement pointées pour expliquer les plus faibles pensions des femmes, il n'y a pas – ou exceptionnellement – dans les discours politiques et syndicaux de remise en cause de l'origine de ces inégalités (celles sur le temps partiel et les interruptions de carrière), ni de revendications visant à les supprimer en amont. L'égalité salariale, elle, fait partie des préoccupations syndicales. Mais le plus faible taux d'activité des femmes ou le fait qu'elles sont prépondérantes dans l'emploi à temps partiel ne sont que rarement critiqués – si ce n'est par les féministes. Pourtant rien ne les justifie si ce n'est l'acceptation des stéréotypes sur les rôles sexués et de la division sexuelle du travail qui attribuent aux femmes les tâches domestiques et parentales, qu'elles assument en majorité encore aujourd'hui au détriment de leur accès à un emploi ou à un emploi à temps plein.

Certains dispositifs incitant de fait les femmes à se retirer du marché du travail pour s'occuper des enfants continuent d'exister, et témoignent que les politiques familiales et fiscales n'ont pas rompu avec l'idéologie patriarcale. On aurait donc pu espérer que, dans la dynamique du mouvement sur les retraites, la visibilité sur ces inégalités de pensions réussisse à tirer le débat jusqu'à leurs causes et à porter les propositions pour y remédier, notamment en ce qui concerne l'emploi des femmes. D'autant plus que nous avions montré qu'un taux d'activité des femmes qui rejoindrait celui des hommes, en accroissant le nombre d'actifs cotisants, serait un facteur pour une sensible amélioration du financement des retraites. Mais ce débat n'a pas eu lieu. Les réticences à rompre avec les fondements de la domination masculine sont très fortes et traversent tous les milieux.

Si les syndicats ont intégré la question des inégalités envers les femmes dans leurs prises de position contre la réforme des retraites, globalement cela n'est guère allé au-delà. Pourtant, sachant que cette question concerne directement près de la moitié de la population active et plus de la moitié des retraité·es, considérant en outre que le gouvernement n'avait rien à répondre là-dessus, on peut regretter que les organisations syndicales ne se soient pas engouffrées dans cette brèche. En plus de montrer que le projet de réforme, à l'opposé de l'équité affichée, ne proposait rien pour réduire les fortes inégalités entre les sexes et au contraire, freinerait leur réduction, il aurait été possible de dénoncer le fait qu'il n'existe toujours aucune volonté politique réelle d'y remédier. Les promesses non tenues sur l'égalité salariale l'illustraient de manière caricaturale. Surtout, il aurait été possible de mettre cette question au rang des « thèmes principaux du dossier » définis par le ministre, qui ne concernaient que la pénibilité ou l'emploi des jeunes ; et de justifier que cela implique d'agir pour corriger à la source les inégalités.

On le sait, les positions des différentes organisations syndicales diffèrent sur les propositions pour améliorer le système de retraites. Pourtant un certain nombre de propositions pour améliorer les retraites des femmes (parmi lesquelles l'égalité professionnelle, le relèvement du minium de pension, etc.) auraient pu devenir un élément de convergence, qui aurait renforcé le cadre unitaire de l'intersyndicale... et peut-être aussi la mobilisation, puisque l'unité syndicale est un facteur important de l'ampleur du mouvement social. Cela n'aurait certainement pas changé l'issue de la bataille car elle a été largement conditionnée par la volonté d'un gouvernement déterminé à passer en force. Mais une convergence entre les syndicats sur des propositions contre les inégalités femmes-hommes aurait constitué un jalon dans les acquis de l'intersyndicale, et une orientation possible pour la suite du travail en commun.

À la fin du mouvement de 2010, la CFDT et le MEDEF sont tombés d'accord sur l'intérêt d'ouvrir un « chantier sur l'emploi des jeunes ». Le fait qu'à aucun moment l'emploi des femmes ne se soit imposé de la même manière comme un thème important de l'avenir des retraites résume au fond les limites de la prise en compte de cette question dans le mouvement syndical et, au-delà, dans le mouvement social. Ceci renvoie d'ailleurs à une interrogation : pourquoi, alors que les retraites ont largement été reconnues comme un enjeu de société, le mouvement social contestant la réforme est-il resté une prérogative syndicale ; pourquoi n'a-t-il pas été possible de construire un vaste front politico-social porteur d'une alternative globale ? Cette division traditionnelle des tâches entre les mobilisations syndicale et politique peut apparaître comme paralysante au regard des enjeux actuels. C'est un obstacle supplémentaire pour l'intégration d'une perspective féministe dans l'ensemble des formes de contestation.

Des jalons pour la suite

Finalement, on peut considérer que si le mouvement social de 2010 n'a pas gagné puisque la loi a été votée, il n'a pas été non plus défait. Il a eu jusqu'au bout le soutien de l'opinion publique, le gouvernement est apparu illégitime. Les collectifs unitaires qui se sont organisés autour des retraites ont créé des liens, permis des débats d'idées, favorisés des convergences, des mobilisations communes. Ils ont souvent décidé de poursuivre cette expérience collective par un travail sur d'autres thèmes.

De même, dans la dynamique des initiatives prises par les organisations féministes, celles-ci ont décidé de poursuivre le cadre de travail en commun. Ce qui a eu lieu. Lors des réformes suivantes en 2013-2014, puis en 2019, la question de la retraite des femmes a toujours été présente, et des argumentaires répondaient point par point aux éléments des dossiers officiels prétendant agir pour améliorer les retraites des femmes. Ainsi Marisol Touraine avait annoncé un projet permettant de mieux cibler les dispositifs pour enfants vers les femmes. Mais les mesures prévues étaient très marginales, de plus la question des dispositifs familiaux n'est pas simple (voir *infra* « Quels droits familiaux en cohérence avec l'égalité entre femmes et hommes ? », p. 117). Enfin, le fait que cette réforme soit menée par un gouvernement « de gauche », qui a néanmoins poursuivi les mêmes orientations que les gouvernements de droite, a ajouté de la confusion dans l'opinion publique, ce qui n'a pas aidé à la mobilisation sociale : celle-ci n'a pas atteint l'ampleur de celle de 2010.

Concernant la réforme inaboutie de 2019, le rapport de Jean-Paul Delevoye[42] faisait une grande place à l'objectif de rendre le système plus juste pour les femmes. Il faut reconnaître que jamais auparavant, un dossier présentant un projet de réforme des retraites n'avait autant intégré cette argumentation... ce qui était certainement une conséquence de la montée en charge de cette question dans le débat public. L'équipe technique autour du Haut-commissaire poursuivant ses concertations avec les partenaires sociaux, trois militantes d'Attac, du Collectif national pour les droits des femmes (CNDF) et d'Osez le féminisme ! ont demandé à être reçues sur la question des retraites des femmes.

42. Jean-Paul Delevoye, *« Pour un système universel de retraite »*, *op. cit.*

Cette rencontre a eu lieu le 3 octobre 2019, avec deux chargées de mission « fonction publique » et « synthèse prospective ». Malgré un échange très cordial, rien n'a conduit à modifier le projet. La dénonciation de l'impact de cette réforme sur les femmes a fait l'objet d'un certain nombre d'analyses, de tribunes[43], de réunions d'information, débats publics, stages de formation syndicale. L'information sur les conséquences à attendre du projet a assez largement circulé. De ce fait, l'affichage qui présentait le projet comme une « avancée majeure pour les femmes », puis la déclaration du Premier ministre venant soutenir que les femmes seraient les « grandes gagnantes » a provoqué une indignation accrue. La mobilisation des féministes a pris forme. Le 16 décembre 2019, un meeting féministe

43. Voir notamment Christiane Marty, « Réforme des retraites, Les femmes toujours plus perdantes », *Libération*, 18 juin 2018.

Christiane Marty et Daniel Rallet, « Réforme des retraites : Après les salaires flexibles, voici les pensions flexibles ! », *Le Monde*, 29 mars 2019.

Christiane Marty, « Au nom de l'équité, davantage d'inégalités », *Le Monde diplomatique*, mai 2019

Christiane Marty, « Retraites : Augmenter les ressources plutôt qu'abaisser les pensions », *Le Monde*, 20 octobre 2019.

Tribune collective, « La réforme des retraites pénalisera encore plus les femmes », signée par un collectif de seize femmes, syndicalistes, féministes, économistes, *Le Monde*, 28 novembre 2019. Signataires : *Agathe*, collectif Nos retraites ; *Ana Azaria*, présidente de Femme égalité ; *Sophie Binet*, pilote du collectif femmes Mixité de la CGT ; *Claire Charlès*, secrétaire générale les Effronté-es ; *Ismahane Chouder*, Collectif des féministes pour l'égalité ; *Sigrid Gérardin*, secrétaire nationale FSU ; *Cécile Gondard Lalanne*, porte-parole de l'Union syndicale Solidaires ; *Bernadette Groison*, secrétaire générale de la FSU ; *Murielle Guilbert*, secrétaire nationale de l'Union syndicale Solidaires ; *Sabina Issehnane*, pour les Économistes atterrés ; *Christiane Marty*, pour la Fondation Copernic ; *Céline Piques*, porte-parole d'Osez le féminisme ! ; *Suzy Rojtman*, porte-parole du CNDF ; *Sabine Salmon*, présidente nationale de Femmes solidaires ; *Aurélie Trouvé*, porte-parole d'Attac ; *Céline Verzeletti*, secrétaire confédérale de la CGT.

unitaire contre la réforme a été organisé à Paris: « La retraite version Macron contre les droits des femmes », avec des prises de paroles de militantes féministes et syndicalistes, de chercheuses, des témoignages de femmes politiques, de gilets jaunes, d'artistes. Un peu plus tard, des militantes d'Attac ont adressé un petit cadeau au Président sous la forme d'un clip militant[44] sur une chanson « À cause de Macron ». Elles ont adopté la tenue de Rosie la riveteuse[45], en bleu de travail, un foulard rouge noué sur la tête, et y ont ajouté des gants jaunes. Elles présentent ainsi leur initiative: face aux bobards du gouvernement sur les grandes gagnantes, les femmes sont bien décidées de faire entendre à leur manière ce qui apparaît comme une évidence: elles seront les grandes perdantes! Le groupe de militantes s'est élargi et a pris le nom des Rosies. Il a créé un tutoriel disponible sur internet qui enseigne la chanson et la chorégraphie, ce qui a eu un grand succès. Cette chorégraphie a été reprise par des cortèges de militantes lors des manifestations dans plus de 60 villes[46]. Une dynamique est à l'œuvre...

Au moment où ces lignes sont écrites (début mars 2023), le mouvement social contre la réforme Borne-Macron est toujours en cours. Jamais auparavant, le rejet

44. Le clip est consultable ici: https://france.attac.org/actus-et-medias/les-videos/article/parodie-a-cause-de-macron-retraite-des-femmes.

45. Cette image d'une ouvrière en bleu de travail montrant son biceps est née aux États-Unis et était à l'origine un hommage aux ouvrières engagées dans l'effort de guerre qui assemblaient les bombardiers à l'aide de rivets. Ce n'est qu'en 1985 qu'elle a été baptisée Rosie la riveteuse, et qu'elle est devenue un symbole de l'émancipation des femmes.

46. Un nouveau clip « À cause de Macron partout, par tou·te·s » témoigne de la multiplication de ces cortèges. La vidéo est consultable ici: https://france.attac.org/actus-et-medias/les-videos/article/qui-sont-les-rosies-d-a-cause-de-macron.

d'une réforme n'avait été aussi puissant dans l'opinion. Le gouvernement la maintient cependant et répète que l'âge de départ à 64 ans n'est pas négociable, pendant que l'hostilité à cette réforme s'accroît, suite en particulier aux mensonges sur le minimum à 1200 euros. Cela s'est traduit depuis janvier par plusieurs journées de manifestations dans toute la France qui ont réuni des millions de personnes avec une mobilisation exceptionnelle dans les villes moyennes. Autre élément important, l'unité syndicale sans faille qui a été d'autant plus un encouragement à la mobilisation que la CFDT, que le pouvoir espérait pourtant séduire, a non seulement été partie prenante des mobilisations mais a accepté, une première, de durcir sa position en appelant avec l'intersyndicale à « mettre le pays à l'arrêt le 7 mars ». Au-delà la question des femmes est très présente. Les réunions publiques sur ce thème se multiplient. À l'image de celui de 2019, un meeting féministe a été organisé en février à Paris réunissant environ 800 personnes, avec des interventions de militantes féministes, de chercheuses, des femmes syndicalistes et de partis de gauche, ainsi que des témoignages de femmes précaires, et une nouvelle chorégraphie des Rosies. Meeting très mobilisateur. Rien n'est donc encore joué au moment où nous écrivons.

Quoi qu'il en soit, il ne suffit pas de faire échouer ce projet régressif de réforme, il faut aussi stopper la dégradation en cours qui résulte de la montée en charge des mesures passées. Le système doit enfin évoluer pour devenir cohérent avec l'exigence d'égalité entre les femmes et les hommes. C'est l'objet du quatrième chapitre.

Chapitre 4
Retraite des femmes, un enjeu de société

Depuis trente ans, le système de retraites fait l'objet de « réformes » successives, toujours présentées au nom de sa sauvegarde, mais organisant de fait sa dégradation par la baisse des pensions. Les jeunes générations sont de plus en plus nombreuses à penser qu'elles n'auront pas de retraite (publique), et il reste inapte à réduire les inégalités entre les femmes et les hommes. Il est donc nécessaire et urgent de le réformer, au sens réel du terme, c'est-à-dire d'engager sa transformation dans le sens du progrès social. Cela suppose avant tout de refuser le choix politique actuel qui entend plafonner la part des dépenses de retraite dans le PIB, ce qui programme la paupérisation de la population retraitée. L'évolution de l'économie, marquée notamment par une réduction des gains de productivité, ne permettra pas de financer des retraites améliorées si on ne modifie pas la répartition de la richesse créée entre travail et capital. Modification d'autant plus nécessaire que l'enjeu climatique s'est ajouté aux urgences auxquelles la société doit répondre, ce qui nécessite d'appréhender globalement les transformations à initier.

Le système de retraites est basé sur la solidarité entre les générations : la population active d'aujourd'hui cotise pour la population retraitée d'aujourd'hui et elle sera prise en charge à son tour par la génération suivante. Le principe est celui de la répartition : les cotisations servent immédiatement à payer les pensions (et ne passent pas par des intermédiaires financiers dont la vocation se limite à dégager des profits). Maintenir ces principes, ainsi que le lien du financement des retraites avec l'emploi à travers les cotisations, est favorable et pertinent compte tenu du fait que les pensions de retraite sont toujours une ponction sur la richesse économique créée en temps réel par le travail des personnes en activité.

Mais au-delà, il est nécessaire de prendre acte des évolutions de nos sociétés. Le système de retraites est devenu inadapté de plusieurs points de vue : un mode de vie dominant de moins en moins basé sur le mariage, une généralisation des aspirations des femmes à l'égalité, une précarisation de l'emploi avec des périodes plus fréquentes de chômage qui permettront de moins en moins d'atteindre la durée de cotisation exigée pour le taux plein. Les défis écologiques, la dégradation de la planète et du climat imposent de reconsidérer la nature de ce qui est produit et de limiter la consommation des ressources non renouvelables. Le système actuel n'est pas soutenable au regard de l'enjeu féministe et écologiste. Penser la retraite implique ainsi de repenser le travail et de rompre avec la logique productiviste. Cela amène à reconsidérer la valeur d'activités essentielles au bien-être social, souvent assumées par des femmes mais non reconnues et invisibilisées. Plus largement, on peut réfléchir à améliorer le modèle de vie actuel, construit sur trois périodes qui se succèdent en s'excluant le plus souvent, l'éducation, la vie active, la retraite.

C'est un choix global de société. Que souhaite-t-on faire de la retraite ? Une simple prestation d'assistance envers des personnes qui ont passé l'âge de travailler ou bien la généralisation d'un droit fondé sur le travail ? Quel est au fond l'objectif d'un système de retraites ? On peut penser qu'il devrait *a minima* garantir que toute personne puisse se constituer des droits propres à une pension suffisante, et assurer une redistribution par des dispositifs de solidarité pour les personnes ayant connu des périodes de chômage, maladie, invalidité, ou ayant des métiers pénibles, etc. Mais il faut ensuite s'accorder sur les principes qui devraient guider l'organisation d'un système de retraite.

La création du système de protection sociale après-guerre était portée par un projet d'émancipation sociale et visait à concilier justice sociale et efficacité économique. Si la justice sociale reste un principe fondamental, ce projet doit néanmoins être mis à jour : l'émancipation est aujourd'hui indissociable de l'enjeu féministe ; et l'efficacité économique a radicalement changé de contenu. D'une part, les politiques néolibérales menées au nom de la rationalité économique n'ont servi que les intérêts des plus riches et ont méthodiquement sapé le modèle social et les services publics ; d'autre part, l'enjeu écologique modifie radicalement la définition de l'efficacité économique. L'exploitation de la nature et celle de la force de travail – dont le travail des femmes – relèvent d'une même réalité.

Ce quatrième chapitre privilégie la présentation du lien entre l'enjeu féministe et une réforme progressiste des retraites. La critique du système actuel de retraites couplée avec l'affirmation d'une perspective féministe conduit à poser des jalons pour une transformation globale de la société : le féminisme est en effet porteur d'une dynamique qui déstabilise l'ensemble des rapports de domination, de classe, de sexe, et de « race ». Comme le montre Danièle Kergoat[1], la division sociale et sexuelle du travail, tout en étant au cœur de l'oppression subie par les femmes, représente un enjeu fondamental dans les rapports sociaux de sexe et les rapports de production. Si la division sexuelle du travail existait bien avant le néolibéralisme et le capitalisme, celui-ci a parfaitement su l'utiliser, s'appuyer dessus, s'en nourrir pour en tirer profit[2]. Et ce, qu'il s'agisse du travail rémunéré ou non rémunéré. Dans la sphère professionnelle, c'est la surexploitation économique de la main-d'œuvre féminine qui explique les salaires plus faibles. Dans la famille, c'est le travail gratuit des femmes qui assure la reproduction de la force de travail essentielle au fonctionnement du capitalisme et à la réalisation de ses profits. De même, le développement du temps partiel a été présenté comme une souplesse offerte aux femmes. Construit sur la base de l'inégal partage des charges familiales, il est en réalité très pénalisant pour elles... mais très bénéfique pour les employeurs. Il leur permet d'ajuster le temps de travail des salarié·es aux fluctuations de l'activité et de gagner en productivité à leurs dépens. Tirer ainsi le fil des inégalités entre les femmes et les hommes aboutit à détricoter l'ensemble des modes de production et de reproduction. C'est un vaste champ

1. Danièle Kergoat, « Rapports sociaux de sexe. De la reproduction des rapports sociaux à leur subversion », *in* Annie Bidet-Mordrel (dir.), *Les Rapports sociaux de* sexe, Paris, Presses universitaires de France, 2010, p. 60-75.

2. Attac - Fondation Copernic, *Le Féminisme pour changer la société*, Paris, Syllepse, 2013.

qui dépasse le cadre de cet ouvrage. Dans ce qui suit, nous nous centrons sur l'amélioration du système de retraites en suivant une perspective féministe.

Quel modèle d'égalité entre les femmes et les hommes?

Si le mouvement d'émancipation des femmes est un des mouvements qui a connu le plus d'avancées au XXe siècle, il est indéniable qu'il marque le pas depuis une vingtaine d'années dans les pays industrialisés et qu'il reste inachevé, même si la question des violences sexistes et sexuelles est devenue un sujet politique majeur. De fortes inégalités continuent d'exister à tous les niveaux: salaires (des inégalités qui diminuent très peu depuis vingt ans en France), évolution de carrière, travail à temps partiel féminin, retraites, concentration des emplois dans quelques filières sous-qualifiées, représentation dans la sphère politique, et bien sûr l'inégal partage des tâches dans la sphère privée.

Les inégalités de pension entre les sexes résultent des inégalités de salaires, de durées de carrière, de la prédominance des femmes dans l'emploi à temps partiel, et aussi, pour une part, du fait que le système de retraite les amplifie. Souhaiter faire progresser l'égalité entre les femmes et les hommes au niveau de la retraite pourrait, d'un certain point de vue, se limiter simplement à améliorer les pensions des femmes en réorganisant de manière plus efficace les dispositifs familiaux pour mieux les diriger vers les femmes. C'est d'ailleurs ce qui a été affiché à plusieurs reprises lors des dernières réformes. Mais cette démarche se limiterait à *réparer* au moment de la retraite, c'est-à-dire *a posteriori*, les inégalités qui existent en amont sans agir sur leur source. Cela pourrait apparaître positif à première vue, mais ce serait passer à côté de l'essentiel. Faire du *renforcement* de mesures « de réparation » l'outil d'une politique en faveur de l'égalité de pension est contradictoire avec une politique visant l'égalité de genre dans la société.

La seule démarche qui nous semble cohérente et efficace est d'agir aussi et surtout pour éradiquer les inégalités entre les sexes en amont de la retraite. Ce qui implique la transformation des rapports sociaux de sexe dans l'ensemble de la société. Cela engage bien sûr des politiques sur le moyen, voire le long terme. La marche vers l'égalité demandera un certain temps, et tant que persistera la pénalisation de carrière des femmes, la redistribution opérée par les dispositifs de solidarité au niveau de la retraite sera indispensable. Mais cette redistribution pourra être réévaluée régulièrement et progressivement réduite à mesure que l'égalité progressera concrètement dans la société. Il faut alors se demander quel est le modèle d'égalité que nous souhaitons.

Pour nous, le modèle progressiste en phase avec la perspective féministe d'émancipation tourne le dos à la conception des rôles complémentaires pour les femmes et les hommes. Ce n'est pas non plus le modèle dans lequel les femmes rejoindraient simplement le statut des hommes dans le monde existant. Au contraire, c'est un modèle dans lequel les deux membres d'un couple s'investiraient autant dans l'éducation des enfants, et non celui où les mères renonceraient à s'y investir. Les tâches domestiques et parentales étant également partagées, les mères n'auraient plus à se retirer de l'emploi, ni à travailler à temps partiel pour « concilier » vie familiale et vie professionnelle. En contrepartie, le temps de travail serait réduit pour tous et toutes, ce qui permettrait de leur offrir une meilleure qualité de vie et de créer des emplois (en particulier, les emplois répondant à l'urgence sociale et écologique). Tout cela implique des politiques publiques s'attaquant résolument aux stéréotypes sexués et aux attitudes culturelles qui pérennisent les rôles spécifiquement masculins ou féminins.

Le modèle progressiste suppose l'autonomie financière, ce qui passe par un emploi rémunéré. Cette condition est valable pour les hommes comme pour les femmes. Mais elle est encore plus décisive pour permettre aux femmes de s'émanciper de la domination masculine. L'apport d'un salaire féminin dans le couple a toujours été déterminant pour gagner un pouvoir de négociation plus équilibré au sein du couple et combattre l'idéologie patriarcale. Cette condition est décisive, tout simplement, pour assurer par l'acquisition de droits propres les moyens d'existence des femmes tout au long de leur vie, sans dépendre ni d'un statut conjugal, ni de la stabilité toujours incertaine du couple. Les nostalgiques du couple traditionnel magnifient le rôle de « la femme » se consacrant à son époux et à ses enfants. Ils soutiennent donc que c'est la prérogative du couple de décider que seul l'homme « travaille » – travailler au sens avoir un emploi, car les femmes au foyer accomplissent aussi un travail – et subvient aux besoins de sa famille.

Cette idée qu'il faudrait défendre un libre choix de travailler ou non à réserver aux femmes mariées relève d'une conception patriarcale néfaste et périmée. C'est cette conception qui a institutionnalisé la dépendance des femmes au foyer envers leur conjoint pour leur accès à la protection sociale et plus globalement pour leur subsistance. Avec les conséquences que l'on déplore aujourd'hui, à savoir la multiplication des situations de précarité après un divorce, une séparation et lors de la retraite. Le nombre de femmes séparées et seules avec enfants ne cesse d'augmenter - il a plus que doublé depuis 40 ans – et un tiers de ces familles vit aujourd'hui sous le seuil de pauvreté. Elles seront renvoyées lors de leur retraite au minimum vieillesse.

Les couples peuvent et pourront décider qu'un seul conjoint « travaille » pour des raisons qui les regardent : mais on peut questionner le fait que le coût impliqué par ce choix soit pris en charge par la collectivité, comme il l'est aujourd'hui avec des droits à la protection sociale ouverts aux conjoints (dits) inactifs par les conjoints actifs sans apport supplémentaire de cotisation sociale. À l'heure où l'exigence d'égalité entre les femmes et les hommes fait largement consensus, la notion d'un « libre choix de travailler ou non » réservé aux femmes mariées (et subventionné par toutes les personnes qui sont en emploi) est difficilement recevable.

De plus, le « choix » de ne pas avoir d'emploi, ou plus concrètement de se retirer de l'emploi, est souvent un « choix sous contrainte ». En effet, parmi les femmes au foyer, beaucoup ont renoncé à avoir une activité professionnelle du fait du manque de modes de garde pour les enfants ou de leur coût trop élevé, ou pour s'occuper d'un proche dépendant. Ce qui doit être garanti pour les femmes, ce n'est pas une dite « liberté » de rester au foyer mais bien la liberté d'avoir un emploi. Cela suppose de développer le nombre de places d'accueil de la petite enfance à un coût abordable (voir *infra*, p. 137), et les services de soin auprès des personnes en perte d'autonomie.

Ajoutons qu'avoir un emploi est un facteur d'intégration dans la société, même si le travail salarié est aussi un asservissement et une subordination à un employeur. La sphère du travail n'est pas la seule à permettre intégration et reconnaissance sociales, mais elle reste primordiale. C'est la dimension contradictoire du travail : il est à la fois source d'aliénation et aussi acte social porteur d'émancipation. Mais la qualité des emplois, particulièrement ceux des femmes, doit absolument être améliorée. Car ce sont en majorité des femmes peu qualifiées, avec des emplois précaires, à temps partiel, aux horaires morcelés qui renoncent à se maintenir en emploi pour prendre en charge les contraintes familiales.

Quels droits familiaux en cohérence avec l'égalité entre femmes et hommes ?

Les droits familiaux liés aux enfants, dits « avantages » familiaux, ont été intégrés au fil du temps dans le système de retraites pour compenser, en partie, les plus faibles pensions des femmes résultant de la dissymétrie des rôles dans la prise en charge des enfants. Les majorations de durée d'assurance (MDA), dans le régime général comme dans la fonction publique (nommées bonifications), étaient dans un premier temps attribuées aux seules mères.

Mais en 2001, l'arrêt Griesmar (voir *supra*, p. 65) a contesté un dispositif dédié aux femmes dans la fonction publique. « L'arrêt prend acte de la situation des femmes dans la famille, mais retient que la majoration dans le régime des fonctionnaires est discriminatoire, à défaut d'une clause d'ouverture au bénéfice de pères qui peuvent connaître une situation semblable à celle des mères[3] ». À la suite des directives européennes sur

3. Voir une discussion sur les conséquences de cet arrêt dans l'article de Marie-Thérèse Lanquetin, Marie-Thérèse Letablier et Hélène Périvier, « Acquisition des droits sociaux et égalité entre les femmes et les hommes », *Revue de l'OFCE*, vol. 90, n° 3, 2004, p. 461-488.

l'égalité entre les femmes et les hommes et l'interdiction des discriminations, les mesures destinées aux seules femmes devaient être ouvertes aux hommes pour ne pas être qualifiées de discriminatoires. En 2003, les droits familiaux qui étaient accordés seulement aux mères fonctionnaires ont donc été modifiés, de fait diminués, pour se conformer à la législation européenne : la majoration de durée d'assurance d'un an pour les mères a été réduite à 6 mois accordés au titre de la maternité, et une majoration de durée d'assurance sous condition d'interruption d'activité dans la limite de 3 ans par enfant a été instaurée pour le père comme pour la mère. En 2010, les MDA ont également été modifiées dans le régime général.

Le dilemme des droits familiaux

Ces dispositifs sont aujourd'hui formulés de manière neutre et s'adressent aux parents et non plus aux mères ; la réalité de la prise en charge des enfants n'en est pas devenue plus neutre pour autant ! Certains dispositifs, comme l'assurance vieillesse des parents au foyer (AVPF) et la majoration d'assurance dans la fonction publique, sont réservés au parent qui diminue ou cesse son activité professionnelle pendant les premières années des enfants. De fait, ce sont toujours essentiellement les femmes qui sont impliquées. L'AVPF comme la MDA jouent concrètement comme des incitations pour elles à se retirer du travail, partiellement ou totalement : ce qui est nuisible ensuite à la poursuite de leur

L'arrêt Griesmar concernait seulement le régime de fonctionnaires et non le régime général de la sécurité sociale : en effet, au sens du droit communautaire, dans le régime professionnel de retraite des fonctionnaires, les MDA sont assimilées à une rémunération. Ce qui n'est pas le cas dans le régime général.

carrière professionnelle, à leur salaire et donc au final à leur pension de droit propre. Les effets se déclinent sous deux aspects. D'une part, ce dispositif contribue à perpétuer les rôles sexués. D'autre part, les femmes se voient attribuer, avec ces majorations pour enfants, des droits complémentaires à pension… qui concrètement contribuent à affaiblir leurs droits propres, ceux acquis en contrepartie des cotisations versées au titre de leur emploi. C'est l'opposé de la logique d'égalité. Ce dispositif de majoration peut d'ailleurs à son tour être considéré comme une discrimination indirecte envers les femmes puisqu'il les incite à se retirer de l'emploi à leur détriment : la discrimination indirecte est en effet définie comme la situation dans laquelle un dispositif ou une pratique, apparemment neutre, désavantage particulièrement des personnes par rapport à d'autres pour des motifs prohibés, parmi lesquels le sexe.

L'option qui consisterait à étendre les droits familiaux aux deux parents sans condition d'interruption d'activité ne résout pas non plus le problème. Dans la mesure où ce sont en grande majorité les femmes qui encore aujourd'hui prennent en charge les enfants et qui sont pénalisées dans leur progression de salaire puis dans leur pension, de tels droits n'atténuent en rien les inégalités entre les femmes et les hommes. On est alors en droit d'en chercher la légitimité. Le cas de la majoration de pension pour trois enfants et plus est caricatural (voir *supra*, encadré « Les majorations de pension pour 3 enfants sont doublement anti-redistributives », p. 44) : elle est attribuée aux deux parents et bénéficie beaucoup plus aux hommes qu'aux femmes, alors que les enfants pénalisent la carrière des femmes mais non celle des hommes.

Les droits familiaux dans leur version première, accordés aux seules femmes, n'étaient pas non plus recevables : ils signifiaient que la société inscrit en dur dans le fonctionnement du système de retraites une validation des rôles différents pour les femmes et les hommes, opposée donc aux aspirations à l'égalité.

Une politique cohérente en faveur de l'égalité doit concilier l'objectif de réduction des écarts de pensions entre les femmes et les hommes avec l'évolution vers un modèle de protection sociale rompant clairement avec le modèle patriarcal. Cela signifie donc, non pas renforcer les droits complémentaires ou dérivés pour les femmes, ce qui serait contre-productif, mais réduire les inégalités en renforçant leur droit propre à une pension à taux plein.

Refonder les majorations pour enfants pour les rendre forfaitaires et unifiées

L'objectif de ces majorations devrait être de compenser les inégalités induites par la prise en charge des enfants assumée par les mères... jusqu'à ce que cette dissymétrie se réduise au fur et à mesure que progressera l'égalité femmes-hommes dans la vie professionnelle et personnelle. On présente plus loin certaines politiques publiques qui devraient être engagées en amont de la retraite pour faire progresser l'égalité (service public de la petite enfance, modifications des congés parentaux et paternels, réduction du temps de travail, égalité salariale, revalorisation des emplois féminisés, ...). Mais en attendant, les majorations pour enfants doivent être refondées.

Concrètement, un dispositif unique devrait remplacer à la fois les majorations de durée d'assurance et la majoration de pension pour 3 enfants. Il sera plus juste sous la forme d'un forfait, ce ne serait donc plus une majoration de durée de cotisation (qui aboutit à une majoration proportionnelle au montant de la pension), mais une majoration forfaitaire de la pension. Le montant du forfait pour chaque enfant élevé reste à étudier (50 euros, 100 euros par mois ?). Mais il n'y a aucune légitimité à accorder un traitement plus favorable à partir de 3 enfants comme c'est le cas aujourd'hui. Les mesures encourageant la natalité datent de l'après-guerre. Aujourd'hui, l'objectif nataliste est incompatible avec les aspirations féministes. La politique familiale devrait simplement permettre aux femmes et aux couples de choisir librement d'avoir ou non des enfants, c'est-à-dire ne pas laisser les contraintes budgétaires ou à l'inverse les incitations monétaires décider à leur place.

Le forfait par enfant pourrait être partagé, comme aujourd'hui, en une partie dite de « maternité » versée à la mère, et une partie « d'éducation » versée selon le choix du couple à l'un ou l'autre, ou répartie entre les deux parents. Sans choix exprimé par le couple, la majoration irait à la mère. Ce n'est pas idéal, car les deux parents n'ont pas forcément le même poids dans une négociation sur cette répartition. Mais dans la pratique, peu de personnes sont vraiment au courant de ce dispositif, déjà existant. La solution de laisser le choix au couple, et par défaut de choix exprimé, d'attribuer la majoration à la mère, a été instaurée en 2010. Elle revient probablement à compter sur le manque global d'information sur le système de retraite pour que la majoration bénéficie *in fine* aux mères. Ce n'est pas très satisfaisant d'un point de vue déontologique. Mais dans un processus de transition, il semble que ce soit encore la moins mauvaise solution pour sortir du dilemme : pour être juste, la prestation pour enfant doit, dans la situation actuelle, bénéficier aux femmes ; mais pour respecter l'ambition d'émancipation des femmes, il n'est pas possible de les désigner comme bénéficiaires, sous peine d'inscrire dans le marbre la répartition inégalitaire des rôles sociaux. Et il n'est pas possible non plus de soumettre le bénéfice de la prestation à une condition d'interruption d'activité.

Quelle fonction pour la pension de réversion dans une société égalitaire ?

La pension de réversion a été instituée dès 1945 comme une protection « du conjoint à charge » : son principe était historiquement justifié par la division des rôles au sein des couples. L'homme se consacre à gagner les revenus du ménage, il « travaille », cotise et bénéficie de droits directs à une pension de retraite ; la femme se consacre au foyer et aux enfants, ce qui ne lui ouvre pas de droits à pension. Il était donc logique dans cette division du travail d'assurer un moyen de subsistance à l'épouse en cas de décès de son conjoint : la pension de réversion. C'est un droit dérivé lié au statut marital, qui constitue dans les faits une assurance veuvage pour les femmes au foyer. À partir de 2003, le droit à réversion est complètement identique pour les femmes et les hommes, puis depuis 2016, il est ouvert aux couples homosexuels mariés. La pension de réversion, dans sa fonction d'assurance veuvage bénéficie donc à chacun des membres d'un couple marié. Néanmoins, les conditions d'éligibilité et de calcul de la pension diffèrent fortement selon le régime de retraite du conjoint décédé. Dans tous les cas, la réversion aujourd'hui opère une redistribution à partir des personnes qui ne se sont jamais mariées en faveur des couples mariés, ainsi qu'une redistribution à partir de toutes les personnes actives et cotisantes en faveur des femmes (ou hommes) au foyer. On peut donc s'interroger sur sa fonction. Précisons que cette interrogation sur la logique de la réversion dans une perspective féministe ne signifie pas envisager une réduction des prestations dans la situation actuelle. Car celles-ci complètent de manière importante la pension de droit direct de très nombreuses femmes : en 2016, elles représentaient 23 % de l'ensemble de leurs pensions contre 1,2 % seulement pour les hommes.

Évolution de la conjugalité

Le modèle dominant du couple traditionnel est en régression depuis de nombreuses années. D'une part, il y a de moins en moins de femmes sans activité professionnelle. D'autre part, aujourd'hui c'est également le modèle du couple marié et stable qui a fortement décliné. La diminution régulière du nombre des mariages et l'augmentation du nombre de divorces et de séparations font que la population à la retraite sera de moins en moins composée de couples mariés ou de personnes veuves. Les célibataires, les personnes divorcées ou séparées seront de plus en plus nombreuses, avec peu ou pas de droits à une pension de réversion. Une part importante des droits à la retraite est désormais constituée en dehors du mariage, acquis par des droits propres : c'est une évolution souhaitable pour aller dans le sens de l'amélioration de l'autonomie des femmes. La difficulté majeure consiste à aménager au mieux la transition entre la logique de dépendance qui prévalait lors de l'instauration du système, et la logique d'égalité que l'on souhaite désormais y inscrire. Quel rôle a aujourd'hui la pension de réversion et quel rôle lui assigner dans une logique d'égalité ?

Une logique de la réversion à clarifier

Il est certain que la diversité des conditions d'accès à la réversion selon les régimes obscurcit complètement le sens actuel de la réversion. Anne-Marie Brocas présente ainsi les deux logiques différentes que traduisent les diverses règles: «une logique visant à n'accorder la réversion qu'aux conjoints survivants titulaires de ressources insuffisantes: c'est celle qui est retenue dans le régime général et les régimes alignés; une logique visant à accorder la réversion à l'ensemble des survivants, quels que soient leurs ressources ou leurs droits propres à pension, de manière à garantir leur niveau de vie antérieur: c'est celle qui est retenue dans les régimes de fonctionnaires, la plupart des régimes spéciaux et les régimes complémentaires des salariés du privé[4] ».

La première logique qui soumet le bénéfice de la réversion à un seuil de ressources garde une raison d'être pour assurer un revenu à toute personne restée au foyer (ce sont surtout des femmes) sans droit propre à une pension et qui n'a pas d'autres revenus. Même si la part de femmes au foyer diminue, leur devenir en cas de décès de leur conjoint doit rester une préoccupation. Mais, comme indiqué précédemment, c'est le choix d'un couple de décider qu'un seul des deux conjoints travaille, même si cette décision peut aussi être liée à des contraintes extérieures, comme le manque de solutions pour la garde d'enfant ou pour des proches en perte d'autonomie. Plaçons-nous dans l'optique d'un futur égalitaire – à terme, plus de problème d'accueil de la petite enfance ou de services auprès des personnes

4. Anne-Marie Brocas, «Les femmes et la retraite en France, un aperçu historique», art. cit.

dépendantes –, on peut se demander si l'objectif d'assurer un revenu à une personne au foyer après le décès de son conjoint ne devrait pas être en priorité la préoccupation du couple, ou en dernier ressort, être assuré par les minima sociaux ? Aujourd'hui, la pension de réversion pour les personnes au foyer est financée par toutes les personnes en activité : elle constitue une redistribution des non-mariés actifs vers les mariés « inactifs ».

La seconde logique est différente, elle vise à maintenir, après le décès d'un membre d'un couple marié, le niveau de vie de l'autre. C'est-à-dire qu'on assigne alors à la réversion la fonction d'une assurance veuvage. On peut donc là aussi se demander si l'assurance veuvage pour les couples mariés relève bien du système de retraites. La question du maintien du niveau de vie des membres d'un couple a progressivement infléchi la conception de la réversion. Comme l'expliquent Carole Bonnet et Jean-Michel Hourriez, jusqu'aux années 1990, « la question des inégalités de pension entre les femmes et les hommes n'aboutissaient pas nécessairement *in fine* à des inégalités de niveau de vie entre hommes et femmes au moment de la retraite : en effet, dans un contexte dans lequel le mariage était la forme prédominante de la vie en couple et était stable, la faiblesse des pensions féminines de droit propre ne posait problème qu'en cas de veuvage, puisque le couple assurait une mutualisation des ressources jusqu'au décès du conjoint et qu'il était admis que la femme dépende financièrement de son mari[5] ». En cas de décès de l'époux, la pension de réversion permettait de maintenir plus ou moins le niveau de vie de la veuve. Elle était « conçue comme la prolongation du devoir d'entretien incombant

5. Carole Bonnet, Jean-Michel Hourriez, « Égalité entre hommes et femmes à la retraite : quels rôles pour les droits familiaux et conjugaux ? », *Population*, vol. 67, n° 1, 2012, p. 133.

à l'assuré vis-à-vis de son conjoint à charge[6] ». Ensuite, la montée du divorce et l'activité croissante des femmes modifient sensiblement cette situation : « la montée du divorce et celle de l'activité féminine constituent deux phénomènes qui vont de pair avec le désir d'acquérir des droits à titre individuel plutôt que des droits dérivés du mari[7] ». Pour prendre en compte l'évolution de la conjugalité, certaines propositions suggèrent d'étendre le droit actuel à la réversion aux unions hors mariage, pacs, voire unions libres. Mais cette option ne modifie pas le questionnement sur la pertinence d'une logique de maintien du niveau de vie qui de fait ne concernerait que les membres d'un couple marié, et qui est assuré par un droit dérivé.

Une autre proposition, évoquée dans divers documents de travail du COR, concerne le partage des droits à la retraite à égalité entre les femmes et les hommes (partage dit « splitting ») pendant toute la durée du mariage. Cette proposition figure comme dispositif alternatif à la pension de réversion, ou parfois comme aménagement de la réversion en cas de divorce, mais elle renvoie plutôt à la discussion sur les dispositifs familiaux : c'est en effet leur rôle de compenser les moindres droits acquis par les femmes du fait de leur investissement majoritaire dans le couple, au détriment de leur emploi. Par ailleurs on peut remarquer que cette option serait avantageuse pour les finances des retraites car d'un coût nul : elle revient à diminuer les droits à pension de l'un (l'homme en général) pour

6. C'était paradoxalement la même conception dans les pays scandinaves, où pourtant la notion d'individualisation des droits est plus avancée.

7. Carole Bonnet et Jean-Michel Hourriez, « Égalité entre hommes et femmes à la retraite : quels rôles pour les droits familiaux et conjugaux », art. cit.

compléter les droits de l'autre. Ce partage des droits était évoqué lors de la consultation citoyenne organisée autour de la réforme Delevoye et il a été rejeté par la majorité des participant·es.

En parallèle, depuis une vingtaine d'années, des réflexions sont menées au niveau des instances européennes sur l'individualisation des droits en matière de protection sociale. Mais la notion d'individualisation au sens des textes communautaires relève plus des conceptions néolibérales qui magnifient le chacun pour soi et la concurrence de tous contre tous, que des conceptions féministes qui revendiquent des droits propres pour les femmes, par opposition aux droits dérivés d'un statut d'épouse. Toujours est-il que le constat de la moindre efficacité de la réversion au fil du temps, alors qu'elle représente en France un montant non négligeable de 34,2 milliards d'euros, sert de justification pour en remettre en cause la légitimité. L'idée fait son chemin. En 2019, la réforme Delevoye proposait ainsi un nouveau calcul pour le taux de la pension, sans indiquer d'évaluation pour le nouveau coût du dispositif. Mais on peut anticiper qu'il s'agissait de réaliser une économie substantielle du fait que l'ouverture du droit reculait à l'âge de 62 ans, alors qu'il est aujourd'hui fixé à 55 ans au régime général et pour la plupart des régimes. De même, dans les concertations autour de la réforme Macron de 2022, est également posée la question de réformer les droits conjugaux.

Pour définir un positionnement sur cette question, la clarification des objectifs de la réversion est nécessaire. Il y a une réflexion à poursuivre sur la meilleure option pour prendre en compte la question du maintien du niveau de vie en cas de veuvage. Dans un document de travail, le COR indique : « on peut considérer qu'il faut maintenir une solidarité avec les couples mariés, mais que celle-ci n'a pas vocation à être financée par des cotisations retraites[8] ». Resituée dans le contexte actuel où la recherche d'économies budgétaires l'emporte sur les considérations sociales, on peut craindre que l'option de reporter sur le budget de l'État ce qui relève de la réversion aboutisse à en diminuer rapidement la dépense.

De plus, si la question du maintien du niveau de vie se pose pour les couples mariés, elle doit être posée aussi pour toute personne non mariée. Doit-on fixer au système de retraites un objectif de maintien du niveau de vie lors du passage à la retraite ? Cela signifierait assurer des taux de remplacement de 100 % quel que soit le niveau de revenu : au-dessus d'un certain seuil de revenu, qui reste à définir, cela n'aurait pas de légitimité. En revanche, l'objectif pourrait être d'assurer le maintien du niveau de vie pour les plus faibles revenus, c'est-à-dire garantir un taux de remplacement de 100 % sous un seuil à déterminer (*a minima* le Smic).

À cette étape, la démarche globale qui nous semble la plus logique est celle déjà énoncée pour les droits familiaux : puisqu'on ne souhaite pas améliorer le système de retraites par un renforcement de droits dérivés ou complémentaires pour les femmes – car ils s'avèrent contre-productifs –, l'orientation passe par le renforcement de leurs droits propres à la pension. C'est ce qui permettra de concilier la garantie pour toute personne de disposer à la retraite d'un revenu suffisant, avec la volonté de combattre les rôles sociaux sexués qui sont à la source des inégalités.

8. COR, « Fonction de la réversion et scénarios d'évolution », Document de travail n° 11, janvier 2019.

Renforcer les droits propres à une pension

Renforcer et faire progresser les droits propres[9] des femmes supposent d'agir à la fois en amont de la retraite en visant à améliorer les salaires, les carrières et l'accès des femmes à un emploi ; et d'agir dans le système même de retraites en corrigeant ce qui défavorise particulièrement les carrières plus courtes des femmes. Examinons d'abord ce second point. On a vu que les réformes passées ont durci les conditions requises pour une pension à taux plein. Elles ont mis en œuvre des mesures qui ont été plus néfastes sur les pensions de droit direct des femmes. Ce sont celles qui ont renforcé la contributivité du système en allongeant la durée de cotisation exigée ainsi que la période de carrière prise en compte pour le calcul de la pension. C'est-à-dire celles qui renforcent le lien entre le montant de la pension d'un individu et le montant des cotisations versées tout au long de sa vie. On a vu que dans la réforme de 1993, c'est le passage des 10 aux 25 meilleures années qui a impacté le plus négativement les pensions des femmes. À l'opposé de la logique qui a guidé les réformes jusqu'à présent, celle à mettre en œuvre doit viser à renforcer le lien entre la pension et les meilleurs salaires de la carrière. Elle sera favorable à tous et un peu plus aux femmes. En pratique, cela se décline sur les deux composantes principales du calcul de la pension de droit direct que sont le salaire moyen qui sert de référence, et la durée de carrière exigée pour le taux plein.

9. On distingue les droits propres à pension qui sont acquis en contrepartie des cotisations versées, et les droits directs à pension qui englobent les droits propres ainsi que ceux attribués au titre des trimestres validés (les majorations de durée d'assurance liées aux enfants notamment). Les droits directs sont opposés aux droits dérivés (la réversion).

Un calcul de la pension ne discriminant pas les carrières courtes

Concernant le calcul du salaire moyen, il s'agit de faire en sorte que les carrières plus courtes ne soient pas défavorisées par le mode de calcul, comme c'est actuellement le cas. Pour l'instant, le salaire annuel pris en compte pour calculer la pension dans le régime général est basé sur la moyenne des 25 meilleures années. Il serait très positif de revenir aux 10 meilleures années, mais il faudrait déjà améliorer la règle pour ne plus pénaliser les carrières courtes. Une solution simple serait de fixer le nombre d'années qui entrent dans le calcul du salaire moyen, non pas en absolu, mais relativement à la durée de carrière réalisée. On pourrait retenir par exemple le quart (ou le tiers) de la carrière : le salaire moyen serait ainsi calculé sur un nombre d'années correspondant au quart de la durée de la carrière. Pour une carrière de 40 ans (ou de 32 ans), le calcul se ferait sur la moyenne des 10 (ou des 8) meilleures années de salaire[10]. Un tel calcul serait très efficace pour diminuer l'impact négatif des interruptions de carrière sur les pensions, en attendant que les femmes aient la possibilité d'éviter ces interruptions.

Pour une suppression de la décote

Le système de décote doit être supprimé, on l'a déjà justifié (voir *supra*, « La décote, injuste, touche plus les femmes » p. 21). C'est une double pénalisation des carrières courtes car la pension est calculée au prorata de la durée réalisée rapportée à la durée exigée et il est injuste d'y ajouter l'abattement supplémentaire de la décote.

10. Le nombre d'années à retenir serait arrondi puisque, la plupart du temps, le calcul du quart ou du tiers ne donnera pas un nombre entier.

Une durée de carrière cohérente avec la durée moyenne réalisée

Les durées de carrière moyennes validées sont en train de diminuer depuis la génération née en 1955. En moyenne cette génération n'a déjà pas atteint la durée exigée pour une pension à taux plein, or cette durée continue d'augmenter : elle est de 43 annuités pour la génération née en 1973. Selon les statistiques intermédiaires, cette génération avait en moyenne 8 années cotisées à 30 ans : il lui reste donc 35 annuités pour atteindre la durée requise, elle ne peut donc pas espérer partir en retraite avant 65 ans. L'écart a déjà commencé à se creuser entre la durée exigée et les possibilités offertes sur le marché du travail. Les durées validées à 35 ans ne cessent de diminuer au fil des générations du fait d'entrées dans l'emploi plus tardives pour les jeunes et de la persistance d'un taux de chômage supérieur dans cette tranche d'âge. De manière générale, la précarisation générale de l'emploi rend plus difficile la validation d'une carrière complète. Aujourd'hui, on constate qu'après 50 ans, une minorité seulement de salarié·es connaissent une activité salariée à temps plein sans interruption jusqu'à la liquidation de leur pension. Pour rendre le système de retraite soutenable, il est donc indispensable de définir une durée de cotisation en phase avec la durée moyenne de carrière. C'est-à-dire, à l'inverse de l'évolution actuelle, de diminuer la durée exigée. Et puisqu'on souhaite faire évoluer le système de retraites vers l'égalité, la référence de carrière professionnelle à considérer devrait être plus proche de la carrière potentielle moyenne des femmes.

Changer de référence et prendre comme base la carrière des femmes pour faire évoluer le système de retraites est au fond assez logique compte tenu du fait que les femmes constituent la majorité de la population, la majorité de la population retraitée et près de la moitié de la population active. Le modèle masculin ne peut plus tenir lieu de référence universelle, et la question de la retraite des femmes ne peut plus être reléguée, comme c'est encore le cas, à un volet « spécifique » de la question des retraites.

Une évolution semblable des niveaux de vie en activité et à la retraite

L'indexation des pensions sur les prix en non plus sur les salaires, adoptée en 1993, a entraîné un décrochage du niveau des pensions par rapport à l'évolution des revenus d'activité. Les effets de ce décrochage s'amplifient pour les personnes à la retraite depuis 20, 30 ans voire plus, dont une majorité de femmes puisque leur espérance de vie est supérieure. C'est ainsi que le taux de pauvreté des retraités, et plus encore des femmes retraitées, augmente (le seuil de pauvreté est défini relativement au revenu médian). La question de l'indexation des pensions est déterminante, plus particulièrement encore pour les retraitées âgées

Sur longue période, les salaires augmentent en général plus vite que les prix. La période récente qui a vu revenir un niveau élevé d'inflation mais une moindre augmentation des salaires est de ce point de vue atypique. Le principe qui semble légitime est de lier ensemble le niveau de vie des retraité·es et celui de la population active. Tous et toutes en effet contribuent ou ont contribué à la production de richesses. Une solution pourrait alors consister à indexer les pensions, non plus sur l'inflation, mais sur la valeur la plus favorable entre l'inflation et l'évolution du salaire moyen pour une période donnée. C'est un débat à mener.

En amont de la retraite, lever les obstacles à l'emploi des femmes

Assurer une pension suffisante pour toutes les femmes dans une perspective politique féministe suppose déjà qu'elles aient accès à un emploi. Aujourd'hui que le chômage touche à peu près autant les hommes que les femmes, cette raison ne peut plus être invoquée pour expliquer les plus faibles taux d'emploi des femmes. L'explication tient au fait qu'elles sont souvent contraintes de se retirer de l'emploi, ou bien de passer à temps partiel, pour prendre en charge les enfants du fait du manque de crèches, ou pour s'occuper d'un proche en perte d'autonomie du fait du manque de services adéquats. Avoir un emploi, de qualité, à temps complet, ne pas subir d'inégalités salariales (ce qui implique aussi la revalorisation des métiers à dominante féminine) sont des conditions indispensables non seulement pour la retraite future des femmes, mais pour leur autonomie tout au long de leur vie. C'est en même temps un levier efficace pour améliorer le financement des retraites. Paradoxalement, la préoccupation de l'emploi des femmes est absente des réflexions sur les retraites.

Intégrer l'emploi des femmes en tant qu'objectif

Pour justifier leur volonté de réformer les retraites, les gouvernements successifs ne cessent de souligner la « dégradation du rapport entre actifs et inactifs ». En 2022 particulièrement, le discours officiel se focalise sur l'objectif de travailler plus donc d'augmenter le taux d'emploi des seniors, en soulignant qu'il est en France inférieur à celui des autres pays... Et il délaisse totalement le potentiel lié à la hausse de l'activité des femmes. Or, si on reprend l'argument des comparaisons entre pays, la France ne se situe qu'au 25e rang des 38 pays de l'OCDE[11] en ce qui concerne le taux d'emploi des femmes ! Celui-ci est inférieur de 8 points à celui des hommes dans la tranche d'âge de 25 à 54 ans (84 % contre 92 %) ! Le gouvernement semble l'ignorer. Alors qu'une majorité de seniors aspirent à la retraite, et que les employeurs continuent de se débarrasser d'eux, avoir un emploi reste le souhait de nombreuses femmes qui en sont privées.

Il y a donc un fort potentiel d'amélioration du niveau d'emploi des femmes, et aucune justification à ce que les femmes soient moins intégrées à la population active que les hommes, ni à ce que l'emploi à temps partiel soit majoritairement féminin... si ce n'est un renoncement à l'objectif d'égalité. Le scénario de rattrapage de l'activité féminine n'a rien d'utopique. En plus d'être une exigence démocratique, l'égalité des femmes et des hommes en matière d'emploi serait très bénéfique pour le financement des retraites (voir *infra* « L'égalité entre les femmes et les hommes "paie" », p. 148).

Pourtant les hypothèses de population active établies par l'Insee[12] et reprises par le COR projettent la fin de la progression du taux d'activité des femmes : ce taux stagnerait donc jusqu'à 2070 à son niveau actuel (à l'exception de la tranche d'âge des plus de 55 ans pour laquelle une hausse est anticipée). L'écart entre les taux des hommes et des femmes serait figé à sa valeur actuelle. Cet écart traduit une forte inégalité en matière d'accès à l'emploi, qui apparaît ainsi pérennisée pour

11. OCDE, *Situation trimestrielle de l'emploi dans la zone OCDE*, 2022.
12. Insee, *Projections de la population active à l'horizon 2080*, juillet 2022.

les décennies futures. En parallèle, la part totale des femmes dans la population active, qui progressait jusqu'à présent, aurait atteint son maximum en 2021 (48,9 %) et elle diminuerait ensuite[13].

C'est « un écart important qui subsistera entre l'activité des hommes et des femmes » indique simplement l'Insee ! De son côté, le COR se limite à noter que cet écart « n'est plus imputable au chômage » puisque le taux de chômage est aujourd'hui équivalent entre les sexes ! Pas d'autre commentaire sur les raisons de cet écart, qui est pérennisé jusqu'en 2070 sans plus d'interrogation. Alors que des variantes sont étudiées par le COR sur le taux de chômage et le solde migratoire, avec différents scénarios sur les gains de productivité, aucune étude de variante n'est associée au taux d'activité des femmes, comme si son évolution ne présentait aucune incertitude, comme s'il n'y avait pas un fort potentiel de progrès bénéfique pour la société tout entière, et comme si elle ne dépendait pas avant tout des politiques menées (voir encadré ci-dessous) ! Les projections du COR ont normalement pour fonction de présenter les perspectives à moyen et long terme au regard des évolutions potentielles démographiques, économiques et sociales. Ce sont des outils d'aide à la décision pour les responsables politiques. Présenter ainsi un avenir figé pour l'emploi des femmes sur la base d'une conception conservatrice revient à occulter le progrès potentiel en la matière.

L'emploi des femmes est incité ou désincité par les choix politiques

On sait que les politiques menées influencent grandement l'activité des femmes dans un sens incitatif ou au contraire dissuasif. On peut rappeler l'effet très régressif d'une mesure adoptée en 1994 :

13. Insee références, *Emploi, chômage, revenus du travail*, 2022.

l'allocation parentale d'éducation, qui existait auparavant pour les parents de trois enfants, a été étendue aux parents de deux enfants. Cette mesure a incité de nombreuses femmes, surtout celles aux revenus les plus modestes, à se retirer du marché du travail pour s'occuper de leurs enfants : en trois ans, le taux d'activité des mères de deux enfants et plus a ainsi chuté de 16 points[14] ! Avoir un emploi (de qualité) est le souhait majoritaire des femmes. C'est la condition de leur autonomie financière, de leur émancipation. Mais elles se heurtent à de nombreux obstacles, sur lesquels des politiques publiques adaptées peuvent pourtant agir : ce sont les inégalités persistantes de salaires, la précarité de nombreux métiers féminisés et l'insuffisance de services d'accueil de la petite enfance et de services auprès des personnes dépendantes.

De même, l'imposition commune des couples, avec le dispositif de quotient conjugal, est identifiée comme un frein à l'emploi des femmes.

Pour donner une idée des marges de manœuvre, si le taux d'activité des femmes entre 25 et 54 ans avait été égal à celui des hommes en 2021, c'est 1,1 million de femmes de plus qui seraient en activité[15] ! De nombreux besoins sociaux et environnementaux ne sont pas satisfaits : accueil de la petite enfance, services auprès des personnes dépendantes, besoins de personnel dans les services publics de la santé, l'éducation, la transition écologique. Promouvoir la création d'emplois dans ces secteurs, en veillant à leur mixité, initierait un cercle vertueux autour du développement de

14. Carole Bonnet et Morgane Labbé, « L'activité professionnelle des femmes après la naissance de leurs deux premiers enfants : l'impact de l'allocation parentale d'éducation », *Études et résultats*, n° 37, 1999.

15. Calcul extrait des données de l'Insee.

l'emploi, notamment des femmes, et de la réorientation de l'activité économique vers la réponse aux besoins. Atteindre l'égalité entre les sexes demandera certes du temps, mais l'invisibilisation actuelle du potentiel lié à l'emploi des femmes, dans les projections de l'Insee, du COR et dans les réflexions des responsables, n'aide certainement pas...

Développer l'accueil de la petite enfance

Lever les obstacles à l'emploi des femmes implique de répondre de manière satisfaisante aux besoins liés à l'accueil de la petite enfance. Même si la situation en France est meilleure que dans les pays voisins, près d'un million d'enfants de moins de trois ans ne trouve pas de place d'accueil. La promesse de la première ministre Élisabeth Borne faite en juillet 2022 de créer 200 000 places de crèches est loin de répondre aux besoins.

Un grand besoin de places d'accueil[16]

La capacité d'accueil des enfants de moins de trois ans était de 59 % fin 2018[17]. Ce sont les assistantes maternelles qui représentent le premier mode de garde avec 33 places pour 100 enfants de moins de trois ans. Alors que la crèche est le mode d'accueil qui recueille le plus de faveurs des parents et qu'elle contribue à réduire les inégalités sociales en favorisant une socialisation précoce des enfants, elle ne représente que 20 % des modes d'accueil. Ensuite viennent l'école pré-élémentaire (4 %) et les salarié·es à domicile 2 %. Mais 41 % des jeunes enfants, soit 943 000 enfants, sont encore pris en

16. Voir Commission genre d'Attac, « Services publics, un enjeu pour l'égalité entre les femmes et les hommes », février 2022.

17. Observatoire national de la petite enfance (ONAPE), *L'accueil du jeune enfant en 2019*.

charge par un «mode informel», la mère le plus souvent, ou une personne de la famille. C'est la «débrouille». En outre, les inégalités d'accès sont très fortes. Parmi les 20 % de familles les plus riches, 68 % des enfants ont accès à un mode d'accueil, mais cette part n'est que de 9 % pour les plus pauvres. Et parmi ces derniers, seuls 5 % sont accueillis en crèche. Fortes inégalités aussi en matière de desserte territoriale – selon les départements, la capacité d'accueil varie de 9 à 87 places pour 100 enfants de moins de 3 ans –, ainsi qu'en matière du coût restant à la charge des parents. La reconnaissance officielle des besoins en termes de petite enfance s'est faite... en livrant ces activités au secteur privé. Elle s'est accompagnée d'une dégradation des conditions de travail, avec la diminution du nombre légal des personnes d'encadrement des enfants ainsi que des qualifications requises. Seul le service public, dont le principe repose sur l'égalité d'accès et la socialisation des coûts, peut répondre à ces besoins de manière égalitaire. Affirmer cela n'implique pas pour autant d'idéaliser le fonctionnement du service public dont les moyens doivent évoluer pour mieux répondre aux besoins.

Le progrès serait d'instaurer un droit pour tout enfant de trouver, à un coût abordable, un mode d'accueil collectif et public avant l'âge de scolarisation. Ce droit serait assuré dans le cadre d'un service public de la petite enfance regroupant tous les modes de garde : crèches, haltes garderies, assistantes maternelles, avec une priorité aux crèches publiques à but non lucratif. Les structures collectives sont en effet reconnues comme offrant la meilleure qualité d'accueil pour l'enfant, y compris l'intégration plus facile pour les enfants dont la langue d'origine n'est pas le français. Satisfaire ces besoins permettra de créer de nombreux emplois, qui ont vocation à s'adresser aux hommes comme aux femmes… et qui bénéficieront au financement des retraites. Les conditions de travail n'ayant cessé de se dégrader sous l'effet de politiques visant prioritairement à réduire les coûts, il faudra veiller à ce que le transfert de l'accueil de la petite enfance à des services extérieurs à la sphère privée s'accompagne d'une valorisation des professions de ce secteur.

Améliorer le congé parental et le congé paternel

Un enjeu majeur pour faire progresser l'accès et le maintien des femmes en emploi est de promouvoir l'investissement égal des deux parents dans l'éducation des enfants, et ceci dès leur naissance. De nombreuses études ont en effet montré que l'inégal partage des tâches dans la sphère privée se creuse fortement à l'arrivée des enfants. De même que l'inégalité salariale : cinq ans après la naissance d'un enfant, « les mères perdent environ 25 % de leurs revenus salariaux, par rapport à ce qui se serait produit sans cette arrivée. Au contraire, l'arrivée d'un enfant n'a quasiment aucun impact sur les hommes, hormis sur les mieux rémunérés d'entre eux qui augmentent leur activité[18] ». Cette inégalité entre les mères et les pères se double d'une inégalité qui se creuse entre les femmes elles-mêmes. En effet, les pertes de salaire des femmes varient selon leur niveau initial de salaire horaire et elles sont le plus prononcées pour les bas salaires (jusqu'à 40 % de perte). Les écarts sont ainsi importants entre les femmes les moins qualifiées, qui ont bien moins accès à un mode d'accueil pour leur enfant et qui prennent un congé parental long

18. Pierre Pora et Lionel Wilner, « Les trajectoires professionnelles des femmes les moins bien rémunérées sont les plus affectées par l'arrivée d'un enfant », *Insee Analyses*, n° 48, 2019.

ce qui les éloigne du marché du travail, et les femmes plus qualifiées qui ont bien plus souvent accès à un mode d'accueil, collectif ou individuel, et qui prennent un congé moins long, moins défavorable à leur carrière.

S'ils sont bien conçus, le congé parental et le congé paternel peuvent constituer un levier efficace pour promouvoir l'investissement des pères dans la prise en charge d'un enfant dès sa naissance. Dans cette optique, en 2014, la « loi pour l'égalité réelle entre les femmes et les hommes » a modifié la durée et la répartition du droit à l'allocation de congé parental (renommé « Prestation partagée d'éducation de l'enfant », PreParE). L'étude d'Hélène Périvier et Grégory Verdugo[19] a analysé les effets de ces modifications et montré un très faible impact sur l'investissement des pères : moins de 1 % d'entre eux prennent le congé parental à temps plein.

En 2018, un projet assez progressiste de directive européenne « vie privée - vie professionnelle » visait à améliorer la participation des femmes sur le marché du travail, et pour cela proposait notamment une meilleure indemnisation du congé parental et l'imposition du congé paternité à la naissance d'un enfant. Mais Emmanuel Macron, bien qu'il ait décrété l'égalité femmes-hommes « grande cause » de son quinquennat, a estimé qu'il s'agit d'une « belle idée mais qui peut coûter très cher et finir par être insoutenable[20] ». Face donc aux réticences de la France et de quelques autres pays membres, les ambitions initiales de la directive ont été très fortement revues à la baisse.

19. Hélène Périvier et Grégory Verdugo, « Cinq ans après la réforme du congé parental, les objectifs sont-ils atteints ? », *OFCE Policy brief*, n° 88, avril 2021.

20. Déclaration du Président devant le Parlement européen à Strasbourg, le 17 avril 2018.

Hélène Périvier qui a produit plusieurs études sur les congés paternels et parentaux constate qu'un congé parental trop long aboutit à trop éloigner les femmes, surtout les moins qualifiées, de l'emploi. Pour elles, en effet, le calcul est souvent simple, entre poursuivre un travail peu rémunéré, devoir trouver un mode de garde et en payer des frais, ou bien se retirer de l'emploi en percevant la rémunération du congé parental. Le partage des tâches entre les deux parents sera favorisé par un congé parental court, partagé et bien indemnisé. Les différentes études suggèrent une indemnisation calculée en proportion du salaire passé, de manière à ne pas désinciter les pères (en Suède, l'indemnisation correspond à 80 % du salaire, souvent complétée à 100 % par l'entreprise), ainsi qu'une « campagne d'information et de sensibilisation pour contrer l'association du congé parental aux mères ». Outre cela, on peut penser que le congé parental gagnerait à être une option à partager de manière ferme à égalité entre les deux parents, et non transférable. Le congé de paternité devrait, lui, être allongé et rendu obligatoire, comme l'est en majeure partie le congé maternité, préconise également Hélène Périvier[21]. Ce serait indispensable afin de protéger les pères de toute pression de la part de leur employeur pour qu'ils y renoncent, ou de toute considération déplaisante de la part de leurs collègues. Si seul le congé maternité est obligatoire, le message envoyé est très clair : c'est aux mères d'assumer seules l'obligation d'être parent, avec les conséquences possibles en termes d'épuisement, de burn-out maternel et de déclassement professionnel. Il est donc temps d'envoyer le message suivant : la paternité n'est pas seulement un droit, c'est

21. Hélène Périvier, « Pourquoi rendre le congé de paternité obligatoire ? », *OFCE le blog*, 2018.

aussi un devoir, notamment celui de prendre en charge l'enfant au même titre que la mère dès les premières semaines de l'enfant. L'Inspection générale des affaires sociales (Igas) en arrive à la même conclusion[22]. Pour que l'égalité femmes-hommes puisse se développer, il est impératif que les pères fassent leur part et prennent leurs responsabilités. C'est pourquoi ce congé pourrait être rendu obligatoire. La réflexion sur le congé parental et de paternité doit se poursuivre et leur évolution doit aussi être rendue possible par le développement des dispositifs d'accueil de la petite enfance.

Une fiscalité ne défavorisant pas l'activité des femmes

En France, l'impôt sur le revenu est basé, non pas sur les individus, mais sur les ménages : tout couple marié ou pacsé constitue un foyer fiscal imposé conjointement. Le quotient conjugal est un dispositif de cet impôt (voir encadré ci-dessous). Il constitue un frein à la participation des femmes au marché du travail, ce qui est établi par différents travaux sur cette question[23].

Impôt sur le revenu : le quotient conjugal est inégalitaire envers les femmes[24]

Le calcul de l'impôt repose sur l'attribution d'un nombre de parts : deux parts pour un couple ce qui

22. IGAS, *Évaluation du congé de paternité*, 2018.

23. Voir notamment Olivier Bargain, « Les enjeux budgétaires et économiques de la réforme de l'imposition des revenus des ménages », 2014 ; Clément Carbonnier, « L'impact de la fiscalité sur la participation des conjoints au marché du travail », *Document de travail de la DGTPE*, n° 5, 2007.

24. Voir Christiane Marty, « Quotient familial et conjugal : pourquoi et comment le réformer ? », site de l'Observatoire de la justice fiscale, 2021.

définit le quotient conjugal, une part pour un célibataire. Des parts supplémentaires sont attribuées pour les enfants, définissant le quotient familial. Pour le calcul de l'impôt, le revenu total du ménage est divisé par le nombre de parts. Le quotient obtenu correspond au revenu, fictif, d'une part du ménage. C'est sur ce quotient que s'applique le barème progressif de l'impôt, ce qui donne le montant d'impôt correspondant à une part. On multiplie ensuite par le nombre de parts pour obtenir l'impôt total du foyer. Le barème progressif signifie que le taux d'imposition augmente avec le niveau de revenu. Donc, le fait d'appliquer le barème sur le quotient (correspondant au revenu moyen) et de le multiplier ensuite par le nombre de parts procure, par rapport à l'imposition individuelle, une réduction d'impôt qui croît très sensiblement avec le niveau de revenu et avec le nombre de parts. Ce mode d'imposition a donc un effet anti-redistributif très important, en concentrant l'avantage fiscal sur les ménages les plus aisés.
Au-delà, le quotient conjugal favorise fortement les couples aux revenus inégaux : concrètement, pour un même revenu du conjoint au revenu le plus élevé (l'homme le plus souvent), la réduction d'impôt pour le couple sera maximale si l'autre conjoint n'a aucun revenu, c'est-à-dire s'il, et plutôt si elle, est au foyer. À l'inverse, il n'y a aucune réduction d'impôt pour un couple dont les deux conjoints ont des revenus équivalents. Autre défaut majeur, ce mode d'imposition n'assure pas un traitement égalitaire entre les différents contribuables : par rapport à une imposition séparée, le quotient conjugal provoque l'augmentation du taux d'imposition effectif du conjoint à plus faible revenu, et à l'inverse la diminution du taux d'imposition du conjoint au revenu le plus élevé. Le Conseil des prélèvements obligatoires souligne ainsi « le niveau

élevé de taxation qui pèse sur le revenu du conjoint qui gagne le moins, en comparaison du niveau qui s'appliquerait si l'intéressé(e) était célibataire ou si l'imposition était séparée[25] ». Les revenus les plus faibles étant très majoritairement ceux des femmes, l'imposition commune peut caractériser, selon la définition juridique, une discrimination indirecte envers les femmes.

Le quotient conjugal est un frein identifié à l'activité des femmes

Le Conseil des prélèvements obligatoires le reconnaît. Il note ainsi que ce dispositif entraîne pour le conjoint au revenu le moins élevé « une moindre incitation à obtenir des revenus d'activité », que cela « concerne majoritairement les femmes – en raison de revenus plus faibles en moyenne et de la répartition la plus usuelle des tâches domestiques au sein des couples[26] ». Comme déjà indiqué, l'offre de main-d'œuvre des femmes est plus sensible aux effets incitatifs à l'emploi, ou au contraire dissuasifs, qui résultent des politiques fiscales ou familiales : elle est plus « élastique » que celle des hommes du fait des normes sociales sur les rôles attribués aux femmes. Il est donc important de veiller à éliminer toute disposition du système fiscal ou social pouvant décourager l'activité des femmes.

Le quotient conjugal est contraire à l'objectif d'égalité entre les sexes. C'est pourquoi les féministes – notamment, mais pas seulement – sont favorables à un mode d'imposition séparée. En Suède, les

25. « Prélèvements obligatoires sur les ménages. Progressivité et effets distributeurs », Conseil des prélèvements obligatoires, mai 2011, p. 203.

26. *Idem.*

mouvements féministes ont obtenu, dès les années 1970, l'individualisation de l'imposition et des droits sociaux. « La réforme a permis de réduire considérablement le taux moyen d'imposition des femmes et a créé de fait les conditions financières favorables à l'entrée massive des mères-épouses sur le marché du travail durant les années 1970[27] ».

Abroger le quotient conjugal, passer à un mode d'imposition séparée

La France est le seul pays à avoir encore ce système de quotient, avec l'imposition commune du couple obligatoire. La plupart des pays ont évolué depuis les années 1970 vers l'imposition séparée, qui est majoritaire dans l'Union européenne[28]. À l'origine, l'imposition commune (comme le système de retraite) a été établie sur la base du modèle de famille patriarcale, où les hommes sont les chefs de famille et les pourvoyeurs des ressources et où les femmes sont considérées comme des « charges familiales » au même titre que les enfants : elles sont « attachées au déclarant ». L'époux signait seul la déclaration d'impôt même si l'épouse avait un revenu. Depuis, accompagnant les progrès de l'émancipation des femmes, les choses ont évolué. La notion de chef de famille a officiellement disparu depuis 1982 et la double signature est maintenant exigée sur la déclaration d'impôt. Il reste néanmoins que la non-reconnaissance individuelle des personnes

27. Dominique Anxo et Anne-Marie Daune-Richard, « La place relative des hommes et des femmes sur le marché du travail. Une comparaison France-Suède », *Travail et emploi*, (1991).

28. Voir tableau comparatif des pays dans G. Allègre, H. Périvier et M. Pucci, « Imposition des coupoles en France et statut marital : simulation de trois réformes du quotient conjugal », 2019, *OFCE working paper 5*.

devant l'impôt dès lors qu'elles sont mariées ou pacsées ne satisfait pas au principe de pleine citoyenneté.

En résumé, le mode d'imposition commune avec le système de quotient ne satisfait pas à l'exigence d'égalité de traitement : il surimpose les célibataires, les couples en union libre par rapport aux couples mariés ou pacsés[29] ; il agit comme une discrimination indirecte envers les femmes ; il contrarie l'objectif d'égalité entre les sexes en désincitant à l'emploi des femmes ; il accorde une réduction d'impôt d'autant plus importante que le revenu du ménage est important. De plus, il ampute fortement les recettes fiscales de l'État : les réductions d'impôt attribuées au titre du quotient conjugal ont représenté la somme non négligeable de 11,1 milliards d'euros en 2017. Cette somme est ainsi distribuée à l'encontre de l'objectif de justice sociale et d'égalité des sexes.

Ces éléments plaident pour une réforme de ce système de quotient. Différents scénarios ont fait l'objet de simulations[30]. Ils étudient notamment l'option de suppression du quotient conjugal en l'accompagnant de différentes mesures[31], et la possibilité offerte

29. En mars 2022, le candidat Macron a proposé que les couples en union libre aient la possibilité de faire une déclaration commune d'impôt. Parmi ces couples, ceux qui ont des revenus inégaux pourraient alors bénéficier de la réduction d'impôt liée au quotient conjugal... au détriment de tous les autres contribuables.

30. En particulier : Haut Conseil à la famille (HCF), « Architecture de la politique familiale - Quelle évolution pour les 15 prochaines années ? » 2011 ; Guillaume Allègre, Hélène Périvier et Muriel Pucci, « Imposition des couples en France et statut marital : simulation de trois réformes du quotient conjugal », *Économie et statistique*, 2019.

31. Différents scénarios pour une individualisation de l'impôt à rendement fiscal constant ont été étudiés à la demande du Haut Conseil de la famille. Ils couplent la suppression du quotient conjugal avec divers dispositifs d'accompagnement visant à assurer une redistribution envers les personnes qui seraient pénalisées. Il faut noter l'incohérence du principe retenu par le HCF : seuls les couples mariés ou pacsés

aux couples de choisir entre l'imposition séparée ou conjointe. Cette option ne règle en rien l'inégalité attachée au quotient conjugal : tous les couples aux revenus inégaux choisiront l'imposition commune, le coût de ce dispositif en sera augmenté au détriment de tous les autres contribuables, célibataires, divorcé·es et couples aux revenus équivalents qui resteront exclus du bénéfice lié au quotient conjugal.

La réforme du mode d'imposition doit viser à assurer l'égalité de traitement devant l'impôt de toute personne, indépendamment de son sexe, de son statut marital, de sa situation professionnelle active ou non. Elle doit être en cohérence avec l'objectif d'égalité entre les femmes et les hommes et avec la généralisation de droits propres attachés à la personne, en remplacement de droits dérivés accordés au titre de conjoint·es. C'est l'imposition séparée, et donc la suppression du quotient conjugal, qui nous apparaît répondre au mieux à ces principes. Elle permettrait de rompre avec la conception patriarcale de la famille qui imprègne encore les institutions depuis la protection sociale et la fiscalité jusqu'au marché du travail.

Une attention particulière aux foyers modestes

Le quotient conjugal favorise les couples aux revenus inégaux ainsi que les couples aux revenus élevés. Le supprimer signifie la fin de cet avantage

seraient bénéficiaires de la redistribution prévue. Ainsi, alors que le passage à l'imposition séparée est motivé par la volonté de supprimer l'inégalité de traitement entre d'une part les couples unis juridiquement qui bénéficient de la réduction d'impôt du quotient conjugal, et d'autre part les célibataires et couples en union libre qui n'en bénéficient pas, les dispositifs étudiés en remplacement reproduisent la même inégalité de traitement ! Aucun des scénarios élaborés pour le HCF ne répond donc à l'objectif de supprimer l'inégalité de traitement. Voir Christiane Marty, « Fiscalité des ménages, pour une remise à plat du quotient conjugal », Fondation Copernic, mars 2014.

fiscal et donc un supplément d'impôt qui sera plus élevé pour les personnes aux revenus les plus élevés. Cela va dans le sens d'une meilleure redistribution verticale. Les différentes analyses[32] qui ont été faites pour déterminer quels seraient les gagnants et les perdants de la suppression du quotient conjugal ont établi qu'une faible proportion de couples modestes fait partie des perdants, et que la perte pour eux reste faible. Il faut néanmoins veiller à ce que ces couples ne soient pas pénalisés, et la modification du système fiscal doit être articulée avec les politiques sociales dont c'est le rôle.

Passer à l'imposition séparée n'est en rien menacer la solidarité entre les conjoints, thèse qu'avancent pourtant certains défenseurs du système actuel : c'est au contraire rendre la solidarité cohérente avec l'objectif de redistribution verticale opérée au niveau global de la société, et avec l'objectif d'égalité entre les femmes et les hommes – qui devrait également bénéficier à l'équilibre du couple. La réflexion pour la généralisation des droits propres est engagée ; elle doit se poursuivre dans un cadre global en lien avec les politiques sociale et familiale dont les objectifs gagneront également à être clarifiés et rendus cohérents.

L'égalité entre les femmes et les hommes « paie »

Agir pour l'égalité entre les femmes et les hommes est indispensable pour supprimer à la source ce qui génère les inégalités lors de la retraite. C'est une

32. HCF, « Architecture de la politique familiale - Quelle évolution pour les 15 prochaines années ? », *op. cit.*

exigence en soi qui n'a pas besoin d'autre motivation. Mais c'est également un moyen d'améliorer le financement des retraites qui n'est pas à négliger. Je présente ci-dessous une évaluation des gains potentiels pour les caisses de retraite qui résulteraient d'une égalisation des taux d'activité et des rémunérations des femmes et des hommes.

Pour une égalisation des taux d'activité

En 2021, l'effectif de la population active était de 30,1 millions (15,4 millions d'hommes et 14,7 millions de femmes). Si le taux d'activité des femmes avait été égal à celui des hommes dans la seule tranche d'âge des 25-54 ans, c'est 1,1 million de femmes supplémentaires qui auraient été en activité (calcul fait à partir des données Insee). L'effectif de population active aurait alors été de 31,2 millions, soit un supplément d'effectifs de 3,7 % . Quel aurait alors été l'impact sur les recettes des caisses de retraite ? Ce supplément se traduirait, en première approximation[33], par un accroissement relatif de même ampleur du volume de cotisations. Le montant des cotisations retraites étant de 273 milliards, le gain de recettes se chiffrerait à 10,1 milliards. C'est une évaluation sommaire qui nécessite d'être affinée. Mais l'ordre de grandeur du gain obtenu n'est pas négligeable...

Une plus forte activité des femmes se traduirait par de nouveaux droits à pension future pour ces femmes. C'est bien sûr l'objectif. Pourtant, c'est une remarque sous forme de réserve, qui est parfois évoquée pour mettre en doute ou affaiblir l'intérêt de mener des

33. En faisant l'hypothèse que ces femmes actives supplémentaires gagnent le salaire moyen.

politiques en faveur de l'activité féminine ou de l'égalité salariale: cela se traduirait plus tard par des pensions plus élevées à verser. Il est certain que le bilan positif lié à l'apport de nouvelles cotisations sera, à terme, réduit du fait des pensions supplémentaires à verser. Mais c'est le principe même du système par répartition : assurer l'équilibre financier au jour le jour, entre le montant des cotisations versées à l'instant t, et les pensions à verser aux retraité·es du moment ! D'où l'intérêt du paramètre du ratio actifs/retraités[34]. Dans 40 ans, il y aura eu un renouvellement de la population active comme retraitée et un équilibre différent à assurer. Pointer que l'augmentation du nombre de personnes actives impliquera plus de dépenses de pension plus tard est incongru. On peut donc s'étonner de ne voir cet argument évoqué que sur la question de l'emploi des femmes. Car un consensus existe, semble-t-il, sur le fait qu'améliorer l'emploi en résorbant déjà le chômage est une des solutions pour améliorer le financement des retraites : il ne vient à l'idée de personne de grimacer en soulignant que cela entraînera ensuite des dépenses supplémentaires de pension. Manifestement le consensus reste encore à gagner en ce qui concerne l'emploi des femmes.

Pour autant, si l'on souhaite tout de même évaluer le bilan financier à terme, il doit être considéré globalement et non du seul point de vue des retraites. Car le supplément de pensions à verser dans le futur serait

34. C'est la diminution de ce ratio qui est mise en avant pour justifier le projet de réforme. Mais pour évaluer la situation, le paramètre le plus pertinent serait le poids économique que font « peser » toutes les personnes (dites) inactives – jeunes, retraité·es, chômeurs, etc. – sur les personnes actives qui produisent la richesse d'un point de vue monétaire : la prise en charge de l'ensemble de la population passe en effet par des biens et services monétaires ; de même, la pension de retraite est une prestation monétaire.

contrebalancé par la diminution d'autres dépenses sociales. Les femmes qui sont (dites) inactives et n'ont donc pas de droit direct à pension bénéficieront tout de même - heureusement - au moment de leur vieillesse de prestations qui peuvent être l'allocation de solidarité aux personnes âgées ou la pension de réversion si elles sont veuves. Si ces femmes sont actives, les prestations qui leur seraient versées au titre de leur droit propre remplaceraient donc souvent des prestations versées au titre de la solidarité. Par ailleurs, la hausse de l'activité des femmes mariées générerait aussi un supplément de cotisations à l'assurance-maladie sans prestation supplémentaire à verser en contrepartie, puisque ces femmes bénéficient déjà de la couverture santé au titre des droits ouverts par leur conjoint.

Pour une égalisation des salaires

Au levier d'action qui concerne l'activité féminine, il faut ajouter celui de la suppression des inégalités salariales. Une simulation avait été effectuée en 2011 par la Caisse nationale d'assurance vieillesse[35] (CNAV) pour évaluer l'impact financier de l'égalité salariale, mais elle était partielle puisqu'elle ne concernait que le régime de base des salarié·es du privé. Dans cet exercice, l'égalité de salaires pouvait être atteinte en 2023 et le gain en cotisations pour la CNAV atteignait alors 11 milliards d'euros, ce qui correspondait à environ 12 % du volume des cotisations. On peut aussi tenter une évaluation globale de l'égalisation par le haut de l'ensemble salaires des femmes, sans modifier leur part

35. « Simulation de l'impact d'une égalisation des salaires des femmes sur ceux des hommes », (demande de Mme Isabey, CGT), CNAV, 2011.

dans la population active[36]. Si l'égalité salariale avait été réalisée en 2021, le gain sur le volume des cotisations aurait été de 12,4 %. C'est le même ordre de grandeur que celui de la simulation de la CNAV. Il serait bienvenu que des simulations fines soient réalisées et que leurs résultats puissent alimenter le débat public et les orientations politiques.

Il ne manque pas de lois sur l'égalité salariale, qui imposent un salaire égal pour un travail de valeur égale... mais elles restent inefficaces pour combattre réellement les écarts de salaires. En 2018, un « index de l'égalité » a été créé, dont la publication annuelle est obligatoire pour chaque entreprise de plus de cinquante salarié·es. Il se révèle très insuffisant, sa construction révélant de nombreux biais[37]. Une entreprise peut avoir une bonne note, tout en ayant de fortes inégalités salariales. Ainsi, en 2021, seules 4 % des entreprises avaient une note inférieure à 75 sur 100. Ce qui autorise le ministère du Travail à déclarer que « l'égalité salariale est plutôt respectée dans notre pays » ... alors que les inégalités étaient estimées par l'Insee à 28,7 % ! Ces entreprises pourraient être éventuellement sanctionnées au bout de trois ans si elles ne réduisent pas les écarts de rémunérations !

Une des causes des inégalités tient à la sous-valorisation des métiers à dominante féminine. Il y a là un véritable enjeu qui, au-delà des seules rémunérations des

36. Calcul sommaire : les femmes représentent 48,9 % de la population active. Leur salaire moyen représente 78 % de celui des hommes. Si Sh est le salaire moyen homme, actuellement le salaire moyen de l'ensemble de la population active est : 0,489 x (0,78 Sh) + 0,511 Sh = 0,89 Sh. Après égalisation des salaires, le salaire moyen devient Sh. Le gain relatif est (100 – 89) /89 = 12,4 %. Ce gain relatif sur les salaires se transmet sur le montant de cotisations.

37. Rachel Silvera, « Les "bons" résultats de l'index égalité salariale », *Alternatives économiques*, janvier 2021.

femmes, devrait induire un questionnement salutaire sur la valeur sociale des différentes activités.

Revalorisation des métiers à dominante féminine, une urgence sociale

La plus faible valorisation des emplois très féminisés a donné lieu à de nombreuses analyses dans différents pays. En France, les travaux de Rachel Silvera et Séverine Lemière ont contribué[38] à mettre en évidence qu'une des explications fondamentales des inégalités salariales tient au fait que les emplois occupés par les femmes ne sont pas valorisés financièrement, symboliquement et économiquement de la même façon que ceux détenus par les hommes. Dans les métiers à prédominance féminine, elles notent ainsi que les compétences sont souvent invisibles et non reconnues alors que les emplois à prédominance masculine se caractérisent par la reconnaissance d'un «vrai métier» qui s'appuie sur des techniques précises bien délimitées et sur une culture métier forte, avec des revendications collectives clairement exprimées et des rémunérations plus élevées. Les femmes immigrées sont très présentes dans les emplois sous-rémunérés, dans le secteur des services auprès des personnes, les personnels hospitaliers,

38. Voir en particulier: Rachel Silvera, *Un quart en moins. Des femmes se battent pour en finir avec les inégalités salariales*, Paris, La Découverte, 2014.
Marie Becker, Séverine Lemière, Rachel Silvera, «Un salaire égal pour un travail de valeur égale. Guide pour une évaluation non discriminante des emplois à prédominance féminine». Rapport au Défenseur des droits, 2013.
Séverine Lemière et Rachel Silvera, *Comparer les emplois entre les femmes et les hommes: de nouvelles pistes pour réduire les inégalités de salaires*, Paris, La Documentation française, 2010.

les aides-soignantes, « nounous », dans le secteur du nettoyage, etc. Les revendications féministes et syndicales réclament des renégociations des conventions collectives dans différents secteurs professionnels, en vue de revaloriser un certain nombre de ces métiers. Sans réel succès jusqu'à présent.

Une évolution récente pourrait aider. En lien avec la crise sanitaire, de nombreuses personnes s'interrogent sur le sens et l'utilité de leur profession et ne souhaitent plus organiser leur vie seulement autour du travail. La crise du covid a permis de mieux percevoir au niveau de la société la richesse du lien social, des activités essentielles de la vie, du soin à autrui ; ce sont très souvent des activités accomplies par des femmes, mais déconsidérées. Emmanuel Macron avait déclaré le 13 avril 2020 : « il nous faudra nous rappeler que notre pays, aujourd'hui, tient tout entier sur des femmes et des hommes que nos économies reconnaissent et rémunèrent si mal ». De très nombreux métiers à dominante féminine sont concernés, infirmières, aides-soignantes, caissières, aides à domicile, agentes d'entretien, etc. Ils ont fait partie des « premiers et premières de corvée ». Pourtant, malgré les promesses de reconnaissance et de revalorisation de ces métiers, très peu a été fait, laissant beaucoup d'amertume. On peut espérer que la prise de conscience de la valeur de ces activités fasse doucement son chemin et permette d'améliorer le rapport de force, en particulier pour les revendications féministes de revalorisation des emplois féminisés.

La valorisation de l'économie du soin et du lien social renverse la hiérarchie des valeurs

Au-delà de la revalorisation de leurs rémunérations, il y a un enjeu majeur de société à reconnaître la valeur des activités dans tout ce qui concerne les services aux personnes, les besoins du quotidien, l'économie de soin. Tout ce pan de l'activité humaine, assuré essentiellement par les femmes dans la sphère marchande comme dans la sphère privée, crée le lien social. L'utilité sociale de ces activités ne se limite pas aux seules activités produites dans la sphère marchande et valorisées par le marché.

Pourtant, il ne peut pas suffire d'en revaloriser l'image et les rémunérations, ces activités doivent aussi sortir du stéréotype féminin et s'adresser aux hommes comme aux femmes. C'est une évolution qui permettrait de combattre la division sexuelle du travail à l'origine de la domination masculine. Le maintien de rôles sociaux distincts pour les femmes et les hommes, même si ceux des femmes étaient également valorisés, ne peut pas assurer l'égalité entre les sexes. Ce qu'il faut, ce n'est pas supprimer le « coût de la différence[39] » des rôles sociaux de sexe, c'est supprimer l'institutionnalisation de la différence des rôles et de la division sexuelle du travail. On touche là au cœur des représentations et des symboles. Il est possible de faire évoluer ces représentations et de développer la mixité des emplois au moyen de politiques cohérentes et volontaristes dans l'enseignement, l'éducation à l'égalité dans tous les

39. Le coût de la différence (qui est un coût pour les femmes) est une expression de Christine Littleton, utilisée dans son livre *Reconstructing social equality*, citée par Nancy Fraser dans *Le Féminisme en mouvements*, Paris, La Découverte, 2012.

domaines, la culture, la communication, etc. C'est une évolution qui prendra certes du temps, mais le chemin en lui-même construit du changement. Si l'on reconnaît que les activités sont une richesse pour toute la société, qu'elles répondent à des besoins essentiels, alors c'est tout le modèle de vie qui évolue radicalement. C'est un nouvel imaginaire social qui émerge.

C'est en même temps une remise en cause radicale de l'évolution néolibérale actuelle. La dégradation du secteur public de la santé s'amplifie avec l'instauration d'une gouvernance de l'hôpital par les coûts; les pouvoirs publics ne répondent pas aux besoins de prise en charge de la dépendance, de la petite enfance, etc. Le secteur privé s'est engouffré dans ce champ d'activité et l'organisation actuelle génère de fortes inégalités. Afin de garantir une vraie qualité de soin pour tous et toutes, un accès égalitaire, une amélioration des conditions de travail, la société se doit de penser politiquement l'économie du soin. Elle doit refuser la marchandisation en cours et assurer son développement dans le cadre de services publics eux-mêmes améliorés. La socialisation des activités indispensables à la société favorisera l'accès de toutes et tous à la participation à la vie sociale, économique, culturelle, politique.

En outre, la reconnaissance de l'importance de l'économie du soin, et plus largement de l'entretien et du ménage, donne un contenu concret aux notions de solidarité, de lien social et d'égalité[40]: ce sont des valeurs opposées à celles du néolibéralisme basé sur l'individualisme, la concurrence, la compétition. Elle conduit à inverser la perception de la hiérarchie des valeurs en positionnant au plus haut le partage

40. Voir Séverine Lemière et Rachel Silvera, *Comparer les emplois entre femmes et hommes: de nouvelles pistes pour réduire les inégalités de salaire*, Paris, La Documentation française, 2010.

(du soin à autrui, du travail, des responsabilités, des richesses…) et le lien social[41]. De ce point de vue, le développement des services publics ou la revalorisation des métiers à dominante féminine ne sont pas seulement des exigences de justice sociale, ce sont aussi des points d'appui pour un projet de société porteur d'émancipation et de solidarité.

Poser la question du mode de vie, de la durée et du sens du travail

Repenser le système de retraite dans une logique féministe permet d'élargir la réflexion dans une perspective de meilleure qualité de vie et de progrès global. On peut questionner le modèle de vie organisé en phases distinctes et successives : la période d'éducation et de formation, la vie professionnelle, puis enfin la retraite (les possibilités de cumul retraite-emploi n'ont été promues par les dernières réformes que pour permettre de compenser la baisse des pensions).

Dans l'histoire longue de l'émancipation humaine, un élément clé du progrès social a toujours été la réduction du temps de travail, à la journée, la semaine, puis sur l'ensemble de la vie. Selon le préambule de la Constitution, « chacun a le devoir de travailler et le droit d'obtenir un emploi » : le travail est néanmoins bien autre chose qu'un simple devoir, c'est un élément fondamental de l'identité sociale dans nos sociétés. Mais on pourrait envisager d'aménager ce temps de vie consacré à l'activité professionnelle en instaurant un droit à une période d'interruption : d'une durée maximale à préciser, elle pourrait être accordée pour

41. Voir Pascale Molinier, *Le Travail du* care, Paris, La Dispute, 2020.

des raisons personnelles[42] (activités associatives, développement personnel, voyages, etc.). À la différence du congé sabbatique actuel, cette période pourrait être validée pour la retraite moyennant la prise en charge des cotisations sociales par un organisme public adéquat. Au-delà de cette possibilité de se déconnecter ponctuellement du travail, c'est la durée légale du travail qui gagnera à être réduite pour permettre de favoriser l'égalité entre les sexes, le plein-emploi, et une réorientation salutaire de l'économie productive.

La réduction collective du temps de travail, un levier pour l'égalité

Les périodes de temps partiel sont une cause importante des plus faibles pensions des femmes. Or les raisons qui motivent le passage à temps partiel, outre l'insuffisance de crèches et de services auprès des personnes en perte d'autonomie, sont aussi liées à l'aspiration de nombreuses femmes à disposer de plus de temps pour des « raisons familiales ». En lien avec les « rôles féminins ». De ce point de vue, la réduction collective de la durée du travail (RTT) représente bien une alternative au développement du temps partiel, en même temps que c'est un axe central pour le plein-emploi[43].

La réduction du temps de travail constitue un point de départ indispensable pour une répartition plus égalitaire des tâches entre hommes et femmes. Mais il n'y

42. La formation professionnelle n'entre pas dans ce cadre, car elle est déjà un droit individuel des salarié·es. Ce droit doit néanmoins être mieux appliqué, car actuellement les moins qualifiés, les femmes et les plus âgés y ont bien moins accès.

43. Voir Michel Husson et Stéphanie Treillet, « La réduction du temps de travail : un combat central et d'actualité », *ContreTemps*, n° 20, 2014.

aura rien de spontané en la matière[44]. La dimension du genre avait été totalement absente de la mise en œuvre des 35 heures, et sans surprise, celles-ci n'ont apporté aucun bouleversement dans la répartition des tâches domestiques entre hommes et femmes, même si les hommes ont déclaré participer un peu plus à ces travaux après la RTT. Rien n'est donc automatique, et pour faire avancer sérieusement les choses dans ce domaine, la RTT devra s'accompagner d'une politique volontariste d'éducation non sexiste. Recréer une norme de durée du travail à temps plein mais réduit constituerait la base indispensable pour libérer du temps et offrir la possibilité de le remplir en satisfaisant à l'égalité. Elle ouvrirait la voie à un mode de vie qui privilégie de travailler moins pour vivre mieux... La retraite fait partie intégrante de cette réflexion: « travailler moins, autrement, et vivre mieux pendant la vie active et pendant la retraite[45] ».

Pour une réorientation radicale de l'économie

Aujourd'hui la dégradation de la planète et du climat impose de limiter la consommation des ressources non renouvelables et de reconsidérer la nature de ce qui est produit. C'est donc bien la question de la réduction du temps de travail qui se pose, et non pas son augmentation comme systématiquement promue par les réformes. La question clé est celle, globale, de la réduction du temps de travail, du plein-emploi et de sa qualité pour réorienter radicalement la production économique vers un mode de développement soutenable. Recentrer le travail autour des activités essentielles à

44. Voir Attac-Fondation Copernic, *Le Féminisme pour changer la société*, *op. cit.*

45. Attac-Fondation Copernic, *Retraites: l'alternative cachée*, Paris, Syllepse, 2013.

la vie, tournées vers le bien-être, l'utilité sociale, l'attention à autrui et la préservation de la planète : l'enjeu féministe est très lié à l'enjeu écologique.

Poser la question du sens du travail

Actuellement, la retraite est trop souvent vue comme une délivrance du fait de conditions de travail usantes, de stress, de manque d'autonomie. Des infirmières, des aides-soignantes notamment résistent autant qu'elles peuvent. À la suite de la crise sanitaire, mais même un peu avant, il n'y a jamais eu autant de démissions. Thomas Coutrot et Coralie Pérez[46] ont montré que la perte de sens du travail en était une raison majeure. Les salarié·es ne trouvent pas de sens à ce qu'ils font : pas d'utilité sociale, pas de cohérence éthique, pas d'apprentissage de nouvelles compétences. À cela, s'ajoute ce que les auteur·rices ont appelé le conflit éthique environnemental, lié à la destruction écologique potentielle de leur travail. Ils montrent que l'organisation du travail sous la dominance de la finance détruit la santé des salarié·es et des écosystèmes. Ces démissions sont le signe du refus de l'aliénation et la subordination au capital. Le travail doit être transformé afin de le soustraire à la logique de la rentabilité, à l'impératif de compétitivité, au stress et aux conditions dégradantes. En parallèle, la pénibilité de nombreux métiers doit être reconnue, en veillant à ne pas oublier celle qui caractérise les métiers féminins, et prise en compte dans les conditions d'accès à la retraite. Mais le travail ne peut pas rester cette sphère, lieu par excellence de subordination, et retirée de la vie démocratique. Des droits nouveaux peuvent être obtenus pour que les salarié·es

46. Thomas Coutrot, Coralie Perez, *Redonner du sens au travail, une aspiration révolutionnaire*, Paris, Seuil, 2022.

participent aux choix de production et à sa nécessaire réorientation en lien avec les besoins sociaux et environnementaux. Contrairement au refrain habituel du gouvernement, ce n'est pas sur l'augmentation de la production que le financement des retraites doit être fondé, mais sur la réorganisation de la production économique, sur l'amélioration de sa qualité et sur une meilleure répartition de la richesse produite.

Partage de la richesse produite, un débat démocratique

Il est possible de stopper la régression actuelle des retraites et d'améliorer le système pour le rendre plus juste et réduire les inégalités. Mais il faut avant tout s'affranchir de l'hypothèse systématiquement retenue dans les projections du COR, à savoir le maintien à son niveau actuel du partage capital-travail. Si les retraites se sont améliorées jusqu'aux années 1980, c'est grâce à un partage de la richesse produite et des gains de productivité qui était plus favorable au travail. Ensuite le partage s'est déformé au détriment du travail et en faveur des profits. Mais il n'y a pas de raison pour exclure un rééquilibrage de ce partage. C'est précisément parce que les gains de productivité[47] sont bien plus faibles depuis trente ans qu'il est encore plus nécessaire de mieux les répartir.

On ne détaillera pas ici les solutions pour financer

47. Les gains de productivité sont distincts de la notion de productivisme. Ce dernier désigne une stratégie dans laquelle l'augmentation de la production économique constitue une fin en soi. Les gains de productivité désignent la diminution du temps de travail nécessaire pour produire un bien : elle peut renvoyer au progrès technique de l'appareil productif, mais aussi à une intensification du travail.

ce système plus juste et durable. Elles existent et sont présentées dans différents articles ou ouvrages[48]. Outre les propositions développées relatives à l'emploi des femmes et à l'égalité salariale (voir *supra*, « L'égalité entre les femmes et les hommes "paie" », p. 148), on peut cependant en mentionner quelques-unes qui permettent également d'accroître directement les ressources en cotisations : la suppression des exonérations de cotisations sociales accordées aux employeurs (elles se sont multipliées sans faire la preuve de leur efficacité en termes de créations d'emploi) ; l'augmentation des salaires, *a minima* pour rattraper la perte de leur pouvoir d'achat ; une hausse modérée du taux de cotisation vieillesse (si la baisse des pensions n'est pas stoppée, elle incitera à se tourner de plus en plus vers les assurances privées, ce qui représenterait de toute manière une hausse des cotisations... mais sans aucune garantie de taux de remplacement, à la différence du système public) ; la soumission des profits à cotisation sociale. Ces propositions relèvent d'une orientation politique à l'opposé du néolibéralisme dominant, elles mettraient en œuvre un meilleur partage de la richesse produite.

Instaurer un partage moins inégalitaire est devenu crucial, car on ne peut plus compter sur une augmentation tous azimuts et continue de la richesse produite. Il n'est pas inutile de rappeler brièvement la démesure actuelle des inégalités de revenu et de patrimoine. Les 10 % des Français les plus riches disposent de plus du quart des revenus, soit dix fois plus que les 10 % les plus pauvres[49]. En matière de patrimoine, la situation

48. Notamment Attac-Fondation Copernic, *Retraites, l'alternative cachée*, *op. cit.*

49. Observatoire des inégalités, *Rapport sur les inégalités en France.*

apparaît encore plus indécente : 10 % des Français détiennent plus de la moitié du patrimoine total, pendant que la moitié la plus pauvre en détient moins de 10 %. La répartition du patrimoine est également très inégalitaire selon le genre. Le livre *Le Genre du capital*[50] dévoile les mécanismes de création et d'amplification des inégalités entre les femmes et les hommes dans l'accumulation, la gestion et la transmission héréditaire du patrimoine. De cette concentration de revenus et de patrimoine – au sein de laquelle les femmes sont minoritaires –, découle une influence disproportionnée des plus riches sur les décisions politiques, qui est incompatible avec l'exigence démocratique. Elle est incompatible aussi avec l'enjeu écologique. Le mode de vie de catégories les plus fortunées contribue en effet fortement aux émissions de gaz à effet de serre, alors qu'à l'opposé les catégories les plus modestes n'ont pas les moyens suffisants pour adopter des comportements de consommation plus écoresponsables. La fiscalité est un des leviers pour agir sur une meilleure répartition. Mais pour les retraites, le levier le mieux adapté se situe au niveau de la répartition primaire des revenus, entre la masse salariale et le capital.

Les retraites sont un choix de société. C'est un débat politique et citoyen qui devrait déterminer quelle part de la richesse produite consacrer au financement des retraites en tenant compte du fait que la proportion des retraité·es augmente.

50. Céline Bessière et Sibylle Gollac, *Le Genre du capital. Comment la famille reproduit les inégalités*, Paris, La Découverte, 2020.

Conclusion

La réflexion présentée dans cet ouvrage est partie du constat des fortes inégalités de pension entre les femmes et les hommes, pour mettre en relation le fonctionnement du système de retraites, sa dégradation sous l'effet des réformes successives, et l'évolution qui en résulte sur la situation des femmes. Tirer ainsi le fil des inégalités aboutit tout d'abord à identifier ce qui, dans le système lui-même, contribue à défavoriser plus particulièrement les femmes. L'émergence de la protection sociale à une période où dominait le modèle patriarcal de la famille permet d'en comprendre les causes. Au-delà, ce sont à l'évidence les différences de situation des femmes et des hommes en amont de la retraite, dans la sphère professionnelle comme privée, qui conduisent principalement aux « disparités » de pension. L'examen des réformes passées permet de comprendre qu'elles sont toutes guidées par une logique néolibérale qui pénalise plus fortement les carrières des femmes et freine donc la réduction des inégalités. Faudrait-il alors simplement modifier le système de retraites et renforcer les dispositifs de solidarité à destination des femmes ?

Pour notre approche féministe, la solution ne peut pas consister à faire de leur renforcement l'outil d'une politique en faveur de l'égalité : ces dispositifs ne font que compenser, très partiellement et *a posteriori*, les inégalités de retraite entre les femmes et les hommes, sans du tout agir sur leur source... et au contraire, ils contribuent à pérenniser les rôles sociaux féminins et masculins au fondement des inégalités. Notre démarche ouvre alors un questionnement essentiel : quel est le modèle d'égalité pour la vie professionnelle et familiale que l'on souhaite promouvoir ? Ce modèle n'est pas celui où les femmes rejoindraient simplement le statut des hommes dans le monde existant.

Notre réflexion laisse ouvertes certaines questions sur la « philosophie » des dispositifs familiaux et de la réversion et invite à poursuivre la discussion. Mais pour le reste, le fil qui est déroulé nous conduit, sans surprise, à promouvoir des politiques opposées aux politiques néolibérales : il s'agit de renforcer les droits propres à une pension, de définir une durée de carrière cohérente avec ce qui est réalisable, de lever les obstacles à l'emploi des femmes. Une condition indispensable pour cela concerne la création de services publics de la petite enfance et d'aide à la dépendance. Agir pour l'égalité entre les femmes et les hommes suppose ainsi d'étendre la socialisation des réponses aux besoins sociaux. À l'opposé donc de la marchandisation qui est à l'œuvre. Les femmes ont partie liée avec les services publics, la protection sociale et donc l'État social : d'abord, parce qu'elles en constituent la majorité des employées (ce qui a néanmoins vocation à évoluer pour aller vers la mixité). Ensuite parce qu'elles sont les principales utilisatrices de ces services, particulièrement des services sociaux, de santé, d'éducation en lien avec leurs investissements auprès des enfants ou auprès de proches (ce qui, là aussi, a vocation à évoluer pour aller vers un partage égal des responsabilités familiales). De ce fait, l'offensive depuis une trentaine d'années contre l'État social est aussi une offensive contre les femmes. À l'inverse, promouvoir une perspective féministe signifie défendre la conception d'un État social profondément renouvelé ; un État social qui associe étroitement les principes de solidarité et d'égalité entre les femmes et les hommes ; qui permette de passer d'une logique de dépendance à la logique d'égalité. Il s'agit non seulement de parvenir à une égalité en termes de revenus mais de s'engager dans une démarche qui accorde aux femmes et aux hommes une place égale dans la société. Une démarche qui favorise l'émancipation et la réalisation des droits humains.

De même, questionner les inégalités salariales aboutit à remettre en cause l'emploi à temps partiel, souvent imposé, bénéfique pour les employeurs mais toujours très préjudiciable aux salaires et aux pensions, pour privilégier une réduction collective du temps de travail. Cette question du temps de travail s'élargit immédiatement à un questionnement global sur la nature et la qualité de ce que la société doit produire, et sur le sens du travail. Lorsqu'on intègre l'enjeu féministe et l'enjeu écologiste, la réponse est évidente : elle implique d'en finir avec une économie subordonnée aux critères de rendements financiers, pour la réorienter en vue de répondre prioritairement aux besoins sociaux et environnementaux. En parallèle, le fil des inégalités de salaires ouvre un questionnement fécond sur ce qu'est la valeur d'un travail, qui débouche sur l'exigence de la revalorisation des métiers féminisés. Au-delà, ce questionnement devrait faire évoluer la représentation sociale de la valeur de l'ensemble des activités accomplies dans les sphères productive et reproductive.

Au bout du compte, cette réflexion sur l'enjeu féministe des retraites conduit à remettre en cause l'organisation sociale et l'ensemble du système économique : à l'opposé des politiques néolibérales, elle trace une voie vers un nouveau mode de vie, de production et de consommation. Une meilleure répartition des richesses permettra l'amélioration de la protection sociale et des services publics : ce sont des outils pour construire une société solidaire et égalitaire, ayant aboli la division sexuelle du travail et favorisant l'émancipation de toutes et tous.

Annexes

Annexe 1
Présentation des éléments d'un système de retraites

Dans un système de retraites par répartition, ce sont les cotisations des personnes en activité qui sont immédiatement utilisées pour payer les pensions des retraité·es. Dans un système par capitalisation, les cotisations alimentent des placements financiers dont le rendement futur (incertain) déterminera le montant de la pension. La capitalisation est basée sur une logique d'assurance individuelle, à la différence de la répartition, basée sur la logique de solidarité qui est au fondement de la protection sociale.

Contrairement à ce que l'on pense souvent, la capitalisation ne consiste pas à épargner son propre argent pour sa retraite: c'est un placement dont la valeur, qui déterminera le montant de la pension au moment de la retraite, dépendra de toute façon de la richesse économique créée à ce moment-là par le travail des actifs. Les cotisations dans un régime par capitalisation donnent simplement des «droits à valoir» sur la production future. Ainsi, que ce soit en répartition comme en capitalisation, les pensions des retraité·es sont prélevées sur la richesse produite en temps réel: la différence tient simplement à la manière de répartir cette production.

Mais dans les deux cas, les difficultés seront les mêmes si l'évolution démographique fait qu'il y a trop peu de personnes en activité pour produire suffisamment de biens et de services pour tout le monde. C'est donc une illusion de croire que l'épargne privée et les fonds de pension seraient mieux à même d'assurer l'avenir des retraites.

De plus, la capitalisation en reposant sur le rendement du capital, est très sensible à l'évolution des marchés financiers. À la suite de la crise financière de 2008, de nombreuses personnes des pays où les fonds de pension sont très développés ont vu fondre leur épargne retraite en quelques mois, et la plupart des pensions ont dramatiquement diminué. Ce sont alors souvent les gouvernements de ces pays – et donc l'ensemble des contribuables – qui sont intervenus pour limiter les dégâts.

Le système de retraites en France

Régimes de base, régimes complémentaires

En France aujourd'hui, la retraite se compose de régimes de base par annuités et de régimes complémentaires par points. Par ailleurs, des régimes spéciaux concernent les personnels des établissements publics gérant un service public (EDF, GDF, SNCF, RATP, etc.) et des statuts particuliers comme ceux de l'Opéra, la Banque de France, les notaires, les parlementaires, etc.

Pour les salarié·es du secteur privé, le régime complémentaire est Agirc-Arrco (avant 2019, les deux régimes étaient séparés : Arrco, pour tous les salarié·es et Agirc qui venait en plus pour les cadres). Les régimes par annuités comme ceux par points sont des régimes par répartition, mais ils fonctionnent différemment.

Régimes par annuités

Dans un régime par annuités, il faut réunir un certain nombre d'années de cotisation, qui constituent la carrière complète, pour obtenir une pension à taux plein. La durée de cotisation requise augmente régulièrement du fait des réformes passées, elle dépend de la génération. À l'âge légal de la retraite et pour une carrière complète, le régime par annuités garantit une pension à taux plein, c'est-à-dire un taux de remplacement (rapport entre la pension et le salaire) égal au taux plein. Pour le régime général, ce taux est de 50 %. Un régime par annuités donne donc une visibilité sur ce que sera la future pension et il la garantit.

Régimes par points

Les salarié-es se constituent des droits à la retraite complémentaire sous forme de points, en versant des cotisations tout au long de leur vie professionnelle. Celles-ci sont transformées en points sur la base du prix d'achat du point. Au moment de liquider la retraite, le nombre total de points obtenus est multiplié par la valeur du point, dite aussi valeur de service (différente du prix d'achat), ce qui donne ainsi le montant de la retraite complémentaire. La valeur du point au moment de la liquidation, comme le prix d'achat du point sont ajustés régulièrement par des négociations entre le patronat et les syndicats qui sont les gestionnaires de ces régimes. Dans un régime par points, il n'y a donc ni taux de remplacement garanti (pas de notion de taux plein) ... et donc pas de visibilité sur la pension future.

C'est là une différence majeure par rapport aux régimes par annuités.

Concrètement le rapport de forces étant défavorable aux salarié·es, l'ajustement de ces paramètres aboutit régulièrement depuis 1996 à ce que les points coûtent plus cher à l'achat et rapportent de moins en moins au moment de la retraite. Le « rendement » du point, qui exprime le rapport entre la valeur de service du point et son prix d'achat, est ainsi continuellement décroissant. Ainsi en 19 ans, de 1990 à 2009, le taux de remplacement des pensions complémentaires a baissé de plus de 30 % dans chacun des régimes Arrco et Agirc, ce qui est une baisse encore plus sévère que dans le régime de base !

Contributivité

La logique d'un régime par points, en prenant en compte toute la carrière, vise à ce que la pension reflète au plus près la somme des cotisations versées pendant la vie active. Elle renforce ainsi ce qu'on nomme la contributivité du système, c'est-à-dire qu'elle resserre le lien entre la pension et les cotisations. Toute période non travaillée signifie une réduction de la future pension. Les personnes qui ont eu une carrière incomplète, du fait de périodes de chômage, de maladie ou d'interruptions pour élever des enfants – les femmes en majorité – ont moins de droits et donc de plus faibles pensions.

La logique de la contributivité s'oppose à la logique de la solidarité

Plus un régime est contributif, plus à l'inverse la part de solidarité – celle qui est attribuée sans contrepartie de cotisations – est faible. Ce qui se vérifie : dans les régimes de base par annuités, la part de la solidarité dans le montant des pensions versées par ces régimes est de 23 %, contre seulement 6,9 % dans les régimes complémentaires par points[1], plus contributifs.

Cela se vérifie aussi lorsqu'on compare les inégalités de pension entre les femmes et les hommes : elles sont bien plus importantes dans les régimes contributifs par points.

Écart de pension entre les femmes et les hommes :

Régime complémentaire, par points, Agirc-Arrco : 54 %
Régime général, par annuités, CNAV : 29 %
Fonction publique, par annuités : 14 %

Les comptes notionnels : une pure contributivité

Il existe aussi des régimes en « comptes notionnels », comme en Suède par exemple. Les cotisations sont versées sur un compte individuel. Au moment de partir en retraite, le montant accumulé sur ce compte est revalorisé (selon le taux de croissance du revenu d'activité moyen, en principe) puis il est divisé par l'espérance de vie restante en théorie (déterminée par l'année de naissance) pour obtenir le montant de la pension annuelle. Concrètement, pour une personne qui part en retraite à 65 ans, dont l'espérance de vie estimée est de 20 ans, le montant des droits acquis sera divisé par 20 pour obtenir la pension annuelle à verser. Plus l'espérance de vie est élevée, plus la pension annuelle sera faible. La somme des pensions à verser tout au long de la retraite est ainsi calculée de manière à restituer au plus près la somme des cotisations versées, donc une pure contributivité.

1. Voir Drees, *Les Retraités et les retraites*, 2022.

Il faut toutefois préciser que cette égalité entre cotisations versées et pensions perçues tout au long de la vie n'est vérifiée *qu'en moyenne* pour une classe d'âge considérée (ensemble des personnes nées la même année). Car il se trouve que de nombreux individus « ne respectent pas » l'espérance de vie théorique de leur classe d'âge ! Ainsi, les ouvriers meurent en moyenne six ans plus tôt que les cadres : avec ce régime en comptes notionnels, ils bénéficieront bien moins longtemps de leur pension que les cadres, mais leur pension aura été calculé comme s'ils vivaient aussi longtemps...

Annexe 2
Glossaire

Âge conjoncturel de départ à la retraite – il est plus pertinent que l'âge moyen des nouveaux retraités à la liquidation. Pour une année donnée (l'année d'observation), il est égal à l'âge moyen de départ d'une génération fictive qui aurait, à chaque âge entre 50 et 70 ans, la même probabilité d'être à la retraite que la génération ayant atteint cet âge fin au cours de l'année d'observation.

Assurance vieillesse des parents au foyer (AVPF) – en 1972, l'assurance vieillesse des mères au foyer est mise en place. En 1978, elle est transformée en assurance vieillesse des parents au foyer. Elle permet aux personnes qui élèvent un enfant et qui n'ont pas d'activité professionnelle à temps complet d'acquérir des droits à retraite, sous certaines conditions.

Calcul de la pension du régime général – Pension = salaire de référence x taux de liquidation x coefficient de proratisation. Le salaire de référence est calculé sur les 25 meilleures années de la carrière. Le taux de liquidation est égal au taux plein sur lequel est appliquée le cas échéant la décote ou la surcote.

Carrière complète – la carrière complète renvoie à deux notions différentes de durée: la durée d'assurance requise pour le taux plein, et la durée de service (celle requise pour une proratisation à 100%) si la durée validée est égale à la durée requise.

Coefficient de proratisation – il rapporte la durée de cotisation validée à la durée de cotisation exigée pour la pension à taux plein (la carrière complète). Il est plafonné à 100%.

Décote – abattement sur le taux de pension appliqué lors du calcul de la pension lorsque la durée d'assurance au moment de la liquidation n'est pas suffisante. Lorsque cette durée est inférieure à la durée requise, la pension est calculée au prorata, c'est-à-dire en proportion de la carrière réalisée par rapport à la carrière complète. Mais le taux de pension subit un abattement supplémentaire de 5% par année manquante, la décote. Dans la plupart des régimes, le nombre de trimestres manquants est plafonné à 20, soit 5 annuités manquantes.

Durée cotisée – elle correspond au nombre de trimestres validés au seul titre de l'emploi, c'est-à-dire en contrepartie des cotisations versées.

Durée requise – pour avoir droit à une retraite à taux plein, il faut avoir un nombre précis de trimestres d'assurance retraite. Celui-ci varie selon l'année de naissance. Pour les personnes nées entre 1958 et 1960, cette durée est de 167 trimestres, soit 41 ans et 9 mois. Elle augmente régulièrement en application des réformes.

Durée validée – elle ajoute à la durée cotisée les trimestres assimilés de retraite (chômage, maladie, etc.), les trimestres d'assurance vieillesse des parents au foyer (AVPF) et les majorations de durée d'assurance (MDA). La durée validée intervient deux fois dans le calcul de la pension de la sécurité sociale, sauf exception : une première fois pour déterminer les conditions du taux plein (avec ou sans décote, ou surcote), une seconde fois pour déterminer le coefficient de proratisation. Remarque : la MDA pour enfant dans la fonction publique ne compte dans la durée validée que pour les conditions du taux plein mais pas pour le coefficient de proratisation, à la différence du secteur privé, où la MDA compte pour les deux.

Majoration de durée d'assurance (MDA) – elle correspond à une durée validée qui s'ajoute à la durée cotisée, et est attribuée pour la naissance, l'adoption et l'éducation d'un enfant, ou au titre de la pénibilité (dispositions prévues par la réforme de 2010).

Majoration de pension pour trois enfants et plus – elle est servie par presque tous les régimes aux retraité·es ayant élevé au moins trois enfants. C'est une majoration de la pension : 10 % pour trois enfants, et au-delà, cela dépend du régime.

Minimum de pension – appelé minimum contributif au régime général et dans les régimes alignés, ou minimum garanti dans le régime de la fonction publique. Ce minimum est versé en entier si l'assuré réunit une carrière complète. Sinon il est réduit proportionnellement et il ne peut alors être touché qu'à l'âge du taux plein, c'est-à-dire 67 ans. De plus le minimum contributif est divisé en deux parties : le minimum contributif de base, et une majoration pour laquelle les conditions d'éligibilité sont réduites (il faut notamment avoir une carrière minimale de trente années). Il n'y a pas de minimum dans le régime complémentaire.

Pension de droit direct – elle est acquise en contrepartie de l'activité professionnelle et donc des cotisations versées et des trimestres validés. Elle exclut notamment les majorations (ou bonifications) de pension pour trois enfants ou plus, les réversions et les allocations du minimum vieillesse.

Pension de réversion – la pension de droit direct d'une personne mariée qui décède peut être versée partiellement et sous conditions à la personne survivante du couple, voir l'annexe 6.

Taux d'appel – le réglage de l'équilibre financier des régimes par points fait intervenir un paramètre nommé taux d'appel. Celui-ci aboutit à majorer le montant de la cotisation prélevée sur le salaire sans donner les points supplémentaires correspondant à cette majoration. Par exemple: si le taux d'appel est de 127 % – valeur de 2016 – et si le taux de cotisation salariale est de y %, la cotisation prélevée sur le salaire est de 1,27 y % mais seuls les y % de cotisation fournissent des points.

Taux plein – le taux est plein lorsqu'il est maximum dans le calcul de la pension: 50 % ou 75 % selon les cas (régime général ou fonction publique[1]). On obtient le taux plein de deux manières: soit à l'âge légal de départ (62 ans) à condition d'avoir une carrière complète (égale à la durée de cotisation exigée), soit il faut attendre l'âge dit du taux plein (67 ans).

Si à 62 ans, on n'a pas une carrière complète, la pension est calculée au prorata de la durée de carrière réalisée par rapport à la durée exigée. Mais sur ce calcul, s'applique une décote qui correspond à un abattement de 5 % par année manquante, limitée à 5 années, (concrètement abattement de 1,25 % par trimestre manquant). Il est possible d'attendre l'âge du taux plein pour éviter la décote, mais la pension reste calculée au prorata.

1. Le régime général du secteur privé fournit la retraite de base, et le taux plein est de 50 %. Elle est complétée par la retraite complémentaire Agirc-Arrco qui n'existe pas dans la fonction publique. C'est ce qui explique les taux différents entre les deux régimes.

Annexe 3
Femmes et retraites : nous sommes toutes et tous concernés[1] !

La retraite est bien un domaine qui nous concerne tous et dans lequel les femmes doivent être les premières à se battre. D'abord au même titre que les hommes car jamais le nombre de femmes actives n'a été aussi élevé : actuellement, près d'un actif sur deux est une femme, sans compter le cas des femmes qui travaillent avec leur conjoint et ne sont pas prises en compte dans les statistiques. Ensuite parce que les mesures qui ont déjà été prises ou que le gouvernement et les milieux patronaux aimeraient prendre touchent majoritairement les femmes et de manière plus grave.

Parler aujourd'hui de façon générale des retraites sans évoquer la situation des femmes, c'est se priver des meilleurs arguments qui montrent combien les mesures envisagées par le gouvernement sont injustes et néfastes. La question des retraites prend beaucoup plus de relief si on l'aborde en prenant en considération

1. Attac-Commission femmes, genre et mondialisation, « Femmes et retraites : nous sommes toutes et tous concernés ! », avril 2023, https://france.attac.org/233.

la situation des femmes : elle s'enrichit alors de nouvelles revendications et de propositions pour améliorer le financement.

Les régressions contenues dans les mesures Balladur de 1993

Déjà en 1993 les mesures prises par Balladur étaient profondément injustes ; celles que le gouvernement veut imposer aujourd'hui le sont encore plus. Il s'agit de faire accepter un recul social majeur et de faire porter aux salarié·es l'essentiel de la charge du financement des retraites. La réforme projetée vise à étendre aux retraité·es et à l'ensemble des salarié·es la précarité largement imposée dans le secteur privé, et à affaiblir salaires et pensions pour renforcer les profits. Ces mesures, passées et en projet, ont toutes des conséquences négatives considérables pour les femmes et les hommes, mais plus encore pour les femmes. Pourquoi ? Examinons les différents aspects de la réforme de 1993.

1. Allongement de la durée des cotisations pour les salariés : quand en 1993, la durée de cotisation est passée dans le secteur privé de 37,5 à 40 ans, le caractère clairement hypocrite de cette mesure est apparu avec le problème du chômage des + de 50 ans. Cette mesure est inefficace financièrement et injuste socialement car, en fait, allonger la durée de cotisation ne veut pas dire que les personnes vont travailler plus longtemps mais que davantage d'hommes et de femmes partiront sans bénéficier du taux plein. Le Medef veut même aller plus loin et allonger cette durée - 42 ans, voire 45 - aussi bien dans le secteur public que dans le secteur privé. Ce serait pénalisant pour les hommes

et encore plus pour les femmes, puisque la plupart n'arrivent déjà pas à obtenir les 37,5 annuités : seulement 39 % des femmes retraitées ont pu faire valider une carrière complète (voir encadré) contre une grande majorité des hommes (85 %). Les carrières des femmes s'allongent progressivement, mais elles demeurent plus courtes que celles des hommes (dans les couples, ce sont très souvent les femmes qui s'arrêtent pour élever les enfants). Conséquence de cette situation : les femmes prennent en moyenne leur retraite 2 ans plus tard que les hommes pour augmenter leur trop faible nombre d'annuités de cotisation et partir avec une meilleure retraite. Nous sommes pour la suppression des « abattements » sur le montant de la pension qui pénalisent à l'excès les carrières courtes en réduisant de façon totalement disproportionnée la pension pour chaque trimestre manquant et pour le retour aux 37.5 annuités pour toutes et tous !

2. Indexation des pensions sur les prix et non plus sur les salaires moyens : cette mesure, tout comme l'allongement de la durée des cotisations, se traduit par une baisse des pensions. C'est même la mesure qui entraîne la plus grande baisse. Or les pensions des femmes sont déjà parmi les plus faibles. En 2001, les retraites – hommes et femmes confondus – percevaient en moyenne un montant global de pension égal à 1 126 € par mois. Les femmes ont touché 848 € mensuels et les hommes 1 461 € (soit 72 % de plus que les femmes). En ce qui concerne les seules pensions de droit direct (hors bonification pour enfants et hors réversion) les femmes ont touché 650 € et les hommes 1 383 € (soit plus du double). Plus les retraitées sont âgées, plus leur pension est faible : dans la tranche d'âge des 85 ans et plus, elles reçoivent en moyenne 506 €. Ce que viennent confirmer les chiffres concernant la pauvreté

qui montrent qu'au-delà de 65 ans, 83 % des titulaires du minimum vieillesse sont des femmes. Nous refusons toute mesure qui se traduirait par une baisse supplémentaire de la retraite ! Nous demandons le retour à l'indexation sur les salaires.

3. Passage des 10 aux 25 meilleures années pour le calcul de la pension : cette mesure pénalise beaucoup de salariés mais plus fortement les femmes parce qu'elles ont des carrières plus fractionnées (comportant plus d'années incomplètes ou à temps partiel, et plus de chômage). Lorsque les carrières sont plus courtes, sélectionner un plus grand nombre d'années oblige forcément à taper davantage dans le lot des mauvaises. Nous demandons le retour à la référence aux 10 meilleures années.

La retraite est le miroir grossissant des inégalités de la vie active

La retraite reflète, en les amplifiant, les inégalités qui existent dans la vie professionnelle entre les hommes et les femmes. Malgré leur réussite globalement meilleure dans les études, les femmes ont moins accès que leurs collègues hommes à des postes qualifiés et bien rémunérés. Les hommes gagnent en moyenne 25 % de plus que les femmes dans la vie active mais ils touchent 72 % de plus que les femmes à la retraite. Les femmes assument l'essentiel des responsabilités en matière d'éducation des enfants et de tâches domestiques ; ces charges pénalisent leur carrière professionnelle, ce qui se concrétise par des salaires inférieurs.

À cela, s'ajoute le fait qu'elles interrompent leur activité professionnelle pour élever les enfants ou prendre soin d'un parent vieillissant, ce qui sanctionne encore leur carrière et réduit la durée de cotisation au régime de retraite. Salaires plus faibles combines à des durées de cotisation réduites se traduisent par des pensions beaucoup plus faibles.

Des écarts hommes-femmes qui décroissent, mais pour combien de temps ?

Au cours du temps, les écarts entre les pensions des hommes et des femmes ont tendance à se réduire car le taux d'activité des femmes ne cesse de s'accroître, leur salaire moyen a augmenté (malgré la persistance des inégalités de salaires) et elles sont plus nombreuses à accomplir des carrières complètes. De plus, elles s'interrompent moins longtemps et moins souvent pour enlever les enfants. Mais il est probable que cette amélioration ne va pas durer, pour différentes raisons.

Tout d'abord, depuis deux décennies le travail à temps partiel et les emplois précaires se sont fortement développés. Ils touchent majoritairement les femmes et ils exerceront une influence à la baisse sur le niveau de leur pension.

Ensuite, le plein impact des mesures « Balladur » de 1993 ne se fera sentir que dans les années à venir, et on l'a vu, les femmes sont particulièrement affectées.

Enfin, l'extension en 1994 de l'allocation parentale d'éducation (APE) aux parents de 2 enfants entraîne le retrait de nombreuses femmes du marché du travail. Après le congé parental, une femme sur deux ne retrouve pas d'emploi. Les femmes qui optent pour l'APE auront des difficultés accrues à obtenir le nombre suffisant d'annuités.

Ce serait donc une erreur de compter sur le temps pour lisser les inégalités hommes/femmes, comme on l'entend parfois. D'autant plus dans le contexte politique actuel, fait d'attaques frontales sur les acquis sociaux, de fortes transformations du marché du travail et de précarisation, dont l'impact est tout sauf de lisser les inégalités ! Le constat des fortes inégalités de retraite entre les hommes et les femmes - et aussi des grandes disparités entre les différents régimes - oblige à s'interroger sur la nature du modèle de protection sociale.

Passer d'une logique de dépendance à une logique d'égalité

Les régimes de retraite ont été construits sur une longue période mais sur un même modèle : celui de l'homme travaillant à temps plein et sans interruption de carrière, dans un rôle de soutien de famille. L'ordonnance de 1945 parle ainsi du « travailleur et de sa famille ». L'homme avait des droits propres à la protection sociale. La femme était cantonnée dans un rôle d'épouse et de mère, et bénéficiait de droits dérives dépendant du mari.

Le système, tout en ayant évolué, se révèle insuffisant pour assurer une retraite correcte aux femmes dans la situation actuelle. Il est de plus inadapté au vu de l'objectif d'égalité entre les hommes et les femmes, et au vu de l'évolution du modèle de famille (monoparentales, pacs, familles homoparentales) Certains avantages familiaux sont aussi mis en cause par la législation européenne au nom de l'égalité, alors qu'ils ne sont même pas suffisants pour remédier aux inégalités de pensions entre sexes ! La notion d'égalité ne doit pas être utilisée pour tirer vers le bas l'ensemble des acquis sociaux.

Des propositions et des revendications

Dans l'immédiat, Attac avance un ensemble de propositions visant à améliorer le système actuel. L'accent est mis plus particulièrement sur des propositions visant à augmenter les capacités de financement tout en favorisant l'égalité entre les hommes et les femmes.

Pour défendre et améliorer les retraites

- annulation des mesures Balladur qui instaurent des inégalités entre public et privé et renforcent les inégalités entre hommes et femmes,
- durée de cotisation de 37.5 annuités pour tous, retraite à 60 ans à taux plein,
- taux de pension égal à 75% du salaire antérieur (calculé sur la base des 10 meilleures années pour le privé et des 6 derniers traitements pour le public),
- pas de pension inférieure au SMIC,
- relèvement progressif du minimum vieillesse au niveau du SMIC.

On peut rappeler que plus de 20% des femmes sont au SMIC contre 10% des hommes, et que 80% des bénéficiaires isolés du minimum vieillesse sont des femmes. Les mesures précédentes concernent bien les hommes comme les femmes mais, on l'a montré, particulièrement les femmes. Elles ont tout intérêt à se battre pour défendre et améliorer les retraites parce qu'elles sont en majorité celles qui touchent les plus faibles pensions.

Quand les voies vers l'égalité sont aussi des sources de financement

Pour financer les sommes nécessaires au coût des retraites, de grandes mesures doivent être prises: une politique de plein-emploi qui augmentera le nombre de cotisants, et une augmentation des salaires, qui augmentera mécaniquement le volume des cotisations. Ces 2 mesures déclinées et précisées au féminin ont l'avantage de combiner étroitement l'amélioration du financement des retraites et la progression vers l'égalité entre les hommes et les femmes.

Pour une politique de plein-emploi

Le combat pour améliorer le système des retraites est inséparable du combat pour l'emploi. Une politique de plein-emploi inclut la résorption du chômage et la réduction du temps de travail. Elle vise à garantir à chaque personne le droit concret à l'emploi. Elle peut être formulée au neutre mais elle concerne principalement l'augmentation du taux d'emploi des femmes. En effet, le potentiel du plein-emploi des femmes en termes de financement des cotisations est important, mais il est très souvent sous-évalué : les raisons relèvent plus de la négligence de la dimension homme/femme que d'une appréciation réelle de la situation.

Avoir un emploi est le désir de 6 femmes au foyer sur 10. L'accès à un emploi reste la condition nécessaire à l'autonomie financière et à l'émancipation des femmes, même s'il n'est pas à lui seul suffisant pour assurer l'égalité entre hommes et femmes.

Il s'agit donc de mener une politique permettant une pleine participation des femmes au marché du travail. Contrairement aux idées reçues, une plus grande activité des femmes n'est pas cause de chômage, mais est créatrice d'activités nouvelles. Elle transfère dans le domaine marchand une grande part des activités socialement indispensables jusque-là réalisées par les femmes dans la sphère domestique. C'est un cercle vertueux qui, en offrant une plus grande disponibilité de gardes d'enfants, de services de proximité et d'aide à la dépendance des personnes âgées, permet aux femmes d'avoir un emploi. D'autres emplois induits concernent la restauration, le médical, le paramédical, la culture, les loisirs, les collectivités territoriales... Dans les pays où le taux d'activité des femmes augmente, le taux de chômage diminue et réciproquement.

La pleine participation des femmes au marché du travail constitue donc un facteur puissant de croissance, et en particulier d'une croissance générée par la satisfaction des besoins sociaux. Ceux-ci constituent un vrai gisement d'emplois ; ils peuvent être organisés à temps plein, d'une manière collective plus qu'individuelle, dans un cadre professionnel, et loin de la précarité qui les caractérisent actuellement. Ils nécessitent de réelles qualifications et ils doivent être valorisés et mieux payés. Et surtout, au-delà des stéréotypes, ils s'adressent aux femmes comme aux hommes et doivent être mixtes.

L'activité des femmes est un paramètre important pour le financement des retraites et dépend essentiellement des politiques menées

La disponibilité de modes de gardes d'enfants ou de services aux personnes âgées, leur coût, leur qualité, sont des déterminants majeurs dans la décision d'activité des femmes, et/ou dans l'option du temps partiel, abusivement qualifiée de libre choix. De même, on l'a dit, l'allocation parentale d'éducation a été une incitation majeure pour les femmes à quitter le marché du travail : actuellement près de 500 000 femmes en sont prestataires.

S'il est un domaine où jouent à fond les effets incitatifs ou au contraire dissuasifs des politiques, c'est bien celui de l'activité des femmes. Il est donc nécessaire de mener une politique volontariste et cohérente, dans tous les domaines – sociale, familiale, fiscale – pour permettre l'emploi des femmes, et résorber le chômage qui est, dans toutes les tranches d'âge, plus fort pour les femmes que pour les hommes. Cette politique doit intégrer :

- le développement d'un service public de garde d'enfants, et d'aide à la dépendance des personnes âgées (structures collectives, avec qualification, reconnaissance et mixité des emplois),
- la suppression de l'allocation parentale d'éducation qui doit être remplacée par des mesures soumettant les avantages du congé parental à l'alternance entre le père et la mère,
- une campagne pour une meilleure répartition entre homme et femme du travail rémunéré (professionnel) et non rémunéré (éducation des enfants, tâches domestiques),
- une remise en cause des mesures fiscales qui sont défavorables à l'égalité homme-femme.

Le potentiel sous-évalué de l'activité des femmes

Actuellement en France, le taux d'activité des femmes est de 79 % dans la tranche des 25-54 ans, contre 94 % pour les hommes. Ce taux est bien inférieur à celui de pays nordiques comme la Suède. En l'absence d'obstacles à l'emploi des femmes, il n'y aurait pas de raisons pour que les taux d'activité et les taux de chômage des femmes et des hommes différents. Il y a donc un gain potentiel de 1,8 million de femmes actives supplémentaires. C'est un chiffre très significatif qui représente environ 7 % de la population active totale projetée en 2020. On peut rappeler que le taux de chômage actuel est de 9 %, et que les projections les plus favorables dans les évaluations sur les retraites le ramènent à 3 %, soit un gain de 6 % de la population active. Le gain potentiel de l'activité des femmes est donc supérieur au gain envisagé sur la réduction du chômage. Il justifie de mettre cet objectif de plein-emploi des femmes au rang des priorités politiques. Il permet d'augmenter les cotisations et d'améliorer le financement des retraites.

Pour une augmentation des salaires et l'application de la loi sur l'égalité salariale

L'augmentation des salaires est légitimée par le fait que la part de la masse salariale dans le PIB a baissé d'environ 10 points au cours des 20 dernières années. En premier lieu, il est légitime de corriger les inégalités de salaires existant entre hommes et femmes. En 1997, le salaire net moyen des hommes est supérieur de 21 % à celui des femmes, pour les emplois à temps complet, pour des nombres d'années d'études et une expérience professionnelle identiques. En retirant les effets des différences de structures d'emplois et de formation initiale, il reste une différence « inexpliquée » que les études sur le sujet reconnaissent et situent entre 12 % et 15 % : cet écart est un effet de pure discrimination, et il ne diminue pas en fonction du temps. Il est donc légitime et urgent de proposer en premier lieu un rattrapage des salaires des femmes, destiné à corriger une inégalité existante :

- augmentation des salaires des femmes ; une étude par secteur professionnel doit permettre de déterminer pour chacun d'eux l'écart de salaires entre hommes et femmes « toutes choses égales par ailleurs » : exigeons la mise en œuvre de l'égalité salariale, avec obligation de résultat.

Pour une augmentation des cotisations patronales sur le temps partiel imposé

Le temps partiel, lorsqu'il est imposé, s'identifie à du chômage partiel. Exigeons donc pour les salarié·es qui le subissent les mêmes droits que pour les chômeurs.

- majoration du taux de cotisation des employeurs qui imposent le temps partiel (par exemple cotisation sur une base de temps plein). Cette majoration servira à l'amélioration de la pension des personnes concernées.

Des propositions destinées à corriger des inégalités particulières

Il existe dans les différents régimes de retraite certaines mesures particulièrement injustes envers les femmes qui peuvent facilement être modifiées.

- répartition plus juste des bonifications pour enfants (appelées aussi majorations dans la fonction publique): il s'agit de la bonification de 10 % *a minima* du montant de la pension, accordée aux parents, hommes comme femmes, ayant élevé 3 enfants ou plus. Aujourd'hui les hommes touchent en moyenne 2 fois plus que les femmes (voir encadré) puisque ces bonifications sont proportionnelles à la pension. Le coût global de cette mesure est de 6 milliards d'euros auxquels il faut ajouter 0.35 milliard d'€ d'exonérations fiscales car ces sommes ne sont pas imposables. Les hauts revenus sont donc doublement favorisés. Ainsi, à l'inégalité entre hommes et femmes, se superpose une inégalité entre hauts et bas revenus. Les bonifications devraient être transformées en un forfait.

- réduction de l'abattement pour trimestres manquants qui diminue fortement la pension et pénalise à l'excès les carrières incomplètes, donc les femmes.

Actuellement, 5 années manquantes dans le privé peuvent réduire de moitié la pension... L'abattement doit être proportionné au nombre de trimestres manquants.

La question des retraites des femmes élargit le débat bien au-delà du financement

À l'heure où près d'un actif sur deux est une femme, la question des retraites des femmes ne peut pas être réduite à une rubrique spécifique de la question des retraites.

De même la question des dispositifs familiaux oblige à s'interroger plus largement sur l'organisation familiale et les rôles attribués aux femmes et aux hommes. Avantages familiaux et pensions de réversion ont été initialement prévus dans un cadre de politique nataliste, pour compenser l'implication majoritaire des femmes dans la prise en charge de la famille, et ceci au détriment de leur carrière. Les chiffres montrent qu'ils sont, aujourd'hui encore, essentiels pour rattraper – un peu – les inégalités de pension entre femmes et hommes. Mais le risque existe que ces dispositifs familiaux ne servent qu'à renforcer les rôles traditionnels des deux sexes. Que devraient-ils maintenant indemniser dans une situation – à atteindre – d'égalité entre hommes et femmes ? Quel objectif attribuer aux bonifications pour enfants et pensions de réversions ?

La logique d'égalité implique déjà de généraliser les droits propres en remplacement des droits dérivés, qui ont des effets pervers identifiés (entre autres, ils constituent des freins à l'emploi des femmes) De plus, la construction de droits basés sur la dépendance ne peut pas satisfaire au principe de pleine citoyenneté.

Repenser le système dans une logique d'égalité, c'est plus généralement avoir le souci de garantir la viabilité du système par répartition en l'alimentant par des cotisations, c'est l'aspect contributif, et en même temps de garantir à chaque individu une retraite décente par des droits propres, c'est la solidarité. Plutôt que d'opposer les systèmes « contributif » et « universel », il est possible de les conjuguer : à chaque individu des droits propres, et la solidarité consisterait à financer les cotisations pour les personnes hors emplois (chômeurs, étudiants, inactifs, ...) C'est toute une réflexion dont l'objectif à plus long terme est de faire évoluer la logique du système.

On le voit, au-delà du modèle de retraite et de son financement, c'est l'ensemble de la protection sociale, de la conception de la solidarité et des rapports entre les hommes et les femmes qui est en jeu lorsqu'on intègre la dimension du genre. Il s'agit bien d'un choix de société.

Encadré
(chiffres issus de DREES,
échantillons inter-régimes 2001)

En 2001, les retraités – hommes et femmes confondus – percevaient en moyenne, au titre des régimes de base et complémentaires, un montant global de pension égal à 1 126 € par mois. Les femmes retraitées ont touché en moyenne 848 € par mois et les hommes retraités 1 461 €, soit 72 % de plus que les femmes.

En ce qui concerne les seules pensions de droit direct (c'est-à-dire hors avantages familiaux et hors pension de réversions), les femmes ont touché 650 € et les hommes 1 383 €, soit plus du double.

Chez les fonctionnaires, l'écart est moins grand : les pensions des hommes sont « seulement » 30 % plus fortes que celle des femmes.

Les bonifications pour enfants rapportent 2 fois plus aux hommes qu'aux femmes.
Montant des bonifications par mois: 129 € pour les hommes contre 64 € pour les femmes.
En 1997, 3 retraités sur 10 ont perçu une retraite inférieure au minimum vieillesse: parmi ces retraités « pauvres », 83 % sont des femmes.
Compte tenu de leur trop faible nombre d'annuités de cotisation, les femmes sont amenées à repousser leur départ en retraite, ce qui fait qu'elles partent en moyenne 2 ans plus tard que les hommes.

Annexe 4
Les femmes vont continuer à payer le prix fort !

Tribune parue dans *Le Monde* du 10 juin 2023

Signataires : Annick Coupé est porte-parole de l'union syndicale-g10 solidaires. Christine Dupuis est secrétaire nationale de l'UNSA. Maïté Lasalle est secrétaire confédérale de la CGT. Michèle Loup est secrétaire nationale de la FGTE-CFDT. Michèle Monrique est secrétaire confédérale de FO. Sophie Zafari est membre de la commission nationale Droits des femmes de la FSU.

Le gouvernement présente son projet de réforme des retraites au nom d'une « équité entre le public et le privé ». D'abord, il se garde bien de dire que ce sont justement les mesures Balladur de 1993 qui, en diminuant les retraites du secteur privé, ont rompu l'équité qui existait entre public et privé. Ensuite, il ne dit pas un mot d'une légitime équité entre les hommes et les femmes. Les différences entre les pensions moyennes des hommes et des femmes sont pourtant bien réelles, et même supérieures à celles entre public et privé.

En 2001, les femmes retraitées ont touché en moyenne une pension de 848 euros par mois, et les hommes 1 461 euros. Les femmes ont donc touché 42 % de moins que les hommes. En ce qui concerne les seules pensions de droit direct, c'est-à-dire hors avantages familiaux et hors pension de réversion, les femmes ont touché 650 euros (hommes : 1 383 euros). Sur 10 retraités, 3 perçoivent une retraite inférieure au minimum vieillesse : parmi ces retraités pauvres, 83 % sont des femmes. Où est la prise en compte de cette situation très inégalitaire ?

Les différences des retraites entre hommes et femmes sont le reflet des inégalités dans la vie professionnelle et sociale. Les salaires des femmes sont en moyenne inférieurs à ceux des hommes ; pour un grand nombre, le temps partiel leur est imposé et elles assurent toujours l'essentiel des responsabilités en matière d'éducation des enfants, de tâches domestiques et de soins aux proches. Ce sont elles qui interrompent leur carrière ou travaillent à mi-temps pour élever les enfants. Résultat : salaires plus faibles et carrières plus courtes donnent des retraites vraiment plus faibles.

Ces écarts entre les sexes préoccupent fort peu le gouvernement puisque ce qu'il propose aboutit en réalité à les augmenter notablement, ce qui avait déjà été le cas avec la réforme Balladur de 1993. En effet, l'allongement de la durée de cotisation à 40, puis 41 et 42 annuités pénalise beaucoup plus fortement les femmes, parce qu'elles n'arrivent déjà pas à obtenir actuellement les 37,5 annuités : parmi les retraités, seulement 39 % des femmes ont pu faire valider une carrière complète (la durée nécessaire pour obtenir le taux maximal de pension), contre une majorité d'hommes (85 %). Actuellement, les femmes prennent en moyenne leur retraite deux ans plus tard que les hommes pour augmenter leur trop faible nombre d'annuités de cotisation et tenter de limiter la perte de pouvoir d'achat de leur pension.

Dans le secteur public comme dans le privé, la différence entre les durées de carrière des hommes et des femmes est très marquée : dans la fonction publique territoriale et les hôpitaux, seulement 22 % des femmes ont effectué des carrières complètes, contre 59 % des hommes. Chez les fonctionnaires civils, les chiffres sont de 51 % seulement pour les femmes et 72 % pour les hommes.

Compte tenu du chômage élevé des plus de 50 ans ou de leur situation « hors emploi », allonger la durée de cotisation ne signifie pas que les personnes vont travailler plus longtemps, mais que davantage d'hommes et de femmes – surtout de femmes – partiront sans bénéficier du taux plein. C'est une mesure hypocrite et injuste. Hypocrite : l'objectif réel est de baisser les pensions de manière à inciter ceux qui le pourront à un financement complémentaire par capitalisation. Injuste : encore une fois, ce sont les salarié·es qui sont mis·es à contribution, et les employeurs sont complètement exonérés.

Le comble de l'injustice se niche dans le système de décote. Il s'agit actuellement dans le secteur privé d'un abattement sur la pension de 10 % par année manquante. Dans le projet Fillon, il est prévu d'instaurer pour le secteur public une décote qui se mettrait en place progressivement pour atteindre 5 %, niveau auquel la décote du privé serait ramenée. Cette décote, dans son principe même, pénalise d'une manière disproportionnée les années manquantes, et elle touche spécialement les femmes : la durée moyenne de cotisation des femmes actuellement retraitées est de 30,5 ans. Les carrières des femmes avaient tendance à s'allonger au cours du temps, mais les mesures d'allocation parentale d'éducation concernant d'abord les parents de 3 enfants, puis entendues aux parents de 2 (et – projet de loi Fillon – maintenant d'un enfant) ont pour effet d'inciter les femmes à se retirer du marché du travail. Elles ont ensuite de grandes difficultés pour y retourner après leur congé. Leur carrière reste donc beaucoup plus courte. Le travail à temps partiel, souvent imposé, ne suffit pas à valider un trimestre lorsque sa durée est inférieure à 200 heures, ce qui arrive souvent. Les obstacles à une carrière complète pour les femmes s'accumulent : à 37,5 annuités, c'était déjà difficile, donc, a fortiori, à 40 annuités, encore plus ; à 42 annuités, cela sera dramatique pour nombre de femmes, en particulier parmi les plus défavorisées.

Compte tenu de l'impact excessivement pénalisant de cette décote sur les carrières courtes et sur les carrières à temps partiel, donc sur les femmes, le Conseil d›orientation des retraites prenait la peine de préconiser des études détaillées pour « éviter les conséquences non souhaitables notamment pour les femmes ». Quels sont les résultats de ces études ? Où sont les propositions pour annuler réellement les « conséquences non souhaitables pour les femmes » ? Le gouvernement refuse une mesure qui serait pourtant essentielle, spécialement pour les femmes : porter les pensions *a minima* au niveau du Smic. Il serait indispensable aussi de supprimer toute décote dans le secteur privé et de ne pas en instaurer dans le public.

Sous prétexte d'équité entre le public et le privé, le projet revient à faire financer à 90 % la réforme par les salariés, et plus particulièrement par les femmes. Contrairement aux affirmations gouvernementales, les avantages familiaux sont loin d'être maintenus : par exemple, les conditions d'accès aux majorations et bonifications pour enfants seraient modifiées et durcies dans le public pour les enfants nés à partir de 2004. Dans le privé, le fait de proratiser désormais sur

160 trimestres au lieu de 150 actuellement ajoute à l'injustice tout en réduisant les pensions ; les femmes sont les plus concernées.

Il est indispensable tout d'abord de revenir sur l'ensemble des mesures Balladur de 1993, qui ont rompu l'équilibre entre les deux secteurs. En ce qui concerne les problèmes de financement, d'autres solutions existent. La part de la masse salariale dans la richesse produite a baissé de 10 points depuis les années 1980. Il est possible de revenir sur cette baisse et de modifier la répartition du revenu national. Comme l'a montré le Conseil d'orientation des retraites, il suffirait d'une augmentation minime des cotisations patronales (0,37 % par an en moyenne) qui pourrait être prélevée sur la rente des actionnaires sans compromettre les moyens des entreprises.

Il serait aussi possible d'agir dans la durée sur l'objectif du plein-emploi, pour les femmes comme pour les hommes, ce qui consoliderait la retraite par répartition et garantirait un niveau correct de pension pour toutes et tous.

Une politique ambitieuse, dotée de réels moyens, s'attaquant aux inégalités salariales entre femmes et hommes tout au long de la vie professionnelle irait dans le même sens. Mais, bien entendu, cette solution n'est pas dans la ligne politique du gouvernement. C'est maintenant au mouvement social et syndical de faire entendre sa voix pour refuser la dégradation systématique des acquis sociaux, pour les femmes comme pour les hommes. Les femmes ont toute leur place à prendre dans ce combat !

Annexe 5
Évaluation de l'apport de la majoration de la durée d'assurance sur un cas type

Dans le projet de réforme Delevoye de 2019, la majoration de pension prévue était de 5 % par enfant, ce qui remplaçait à la fois les majorations de durée d'assurance par enfant et la majoration de pension pour trois enfants, qui est de 10 % actuellement. Difficile d'évaluer si c'était plus avantageux pour les femmes avec un ou deux enfants. Par contre, pour trois enfants, un calcul simple permet de comparer la majoration de pension avant et après le projet de réforme pour un cas type.

Cas d'une femme née en 1946, employée, ayant trois enfants, calcul personnel

On considère une femme de la génération 1946, car cette dernière étant entièrement à la retraite actuellement, on dispose des statistiques sur la durée moyenne de carrière.

La majoration de durée d'assurance (MDA) est de 6 annuités (2 ans/enfant) pour le régime général[1]. La durée moyenne de carrière sans les majorations pour

1. On considère que ces deux annuités sont attribuées à la mère car la modification intervenue en 2010 ne concerne pas cette génération.

enfants pour une femme née en 1946 est de 32,5 annuités[2]. L'apport de la MDA permet donc d'augmenter la durée de carrière de 6/32,5 = 18,5 %. Le montant de la pension du régime général est proportionnel à la durée de carrière. La MDA représente dans ce cas une majoration de 18,5 % de la pension de base.

Remarquons que c'est une évaluation *a minima* puisque les 6 annuités permettent aussi de réduire la décote qui s'applique à une carrière de 32,5 ans: en effet la durée de carrière nécessaire à cette génération 1946 pour bénéficier d'une pension sans décote est de 40 ans. Avec les 6 annuités de MDA, la carrière validée est de 38,5 ans. La décote appliquée correspondra donc à 1,5 année manquante seulement, au lieu de 5 annuités sans la MDA (la décote est plafonnée à 5 années manquantes). On n'évalue pas ici ce gain.

La majoration de 18,5 % concerne seulement la pension de base. Pour les niveaux de revenu correspondant à la catégorie professionnelle « employée », la pension complémentaire représente environ 30 % de la pension totale, la pension du régime général en représente 70 %. La MDA procure alors une majoration de la pension totale de 13 % (car 1,185 x 0,7 + 0,3 = 1,13). Cette évaluation est donc minimale.

À ces 13 % de gain de pension liés à la majoration de durée d'assurance, on ajoute la majoration de pension de 10 % pour 3 enfants. Dans le système actuel, cette mère bénéficie donc d'une majoration de 23 % de sa pension au titre des 3 enfants. Avec le système projeté, elle aurait bénéficié d'une majoration de 15 %. Elle aurait donc subi une perte de (23 % - 15 % =) 8 % sur le montant de sa pension. L'évaluation de cette perte de 8 % constitue un minimum.

2. Dossier Drees, *La prise en compte de la durée de carrière dans les indicateurs de retraite*, octobre 2017, p. 7.

Annexe 6 La pension de réversion, différentes modalités selon les régimes

La pension de réversion ne concerne que les couples mariés. Elle est versée au conjoint ou à la conjointe d'une personne décédée selon certaines conditions, qui diffèrent selon les régimes. Au 31 décembre 2020, 4,3 millions de personnes touchent une pension de réversion. Parmi elles, 1,0 million ne perçoit pas de pension de droit direct. La part des femmes parmi les bénéficiaires d'une pension de réversion diminue légèrement au fil des années (90 % en 2009, 88 % en 2020). Le coût de la réversion est de 34,2 milliards d'euros en 2016 (qui se répartissent en 32,2 milliards pour les femmes et 2,0 milliards pour les hommes). C'est un montant important qui explique que les gouvernements étudient depuis plusieurs années des pistes pour la réduire. La réversion constitue un apport majeur pour les femmes : elle représente 25 % de la masse totale des pensions qu'elles touchent.

Le montant

Actuellement, le montant de la pension de réversion varie entre 50 % et 60 % de la pension de la personne décédée : 50 % dans la fonction publique, 54 % au régime général, 60 % à Agirc-Arrco, 50 % à l'Ircantec.

La condition de ressources

Au régime général, il existe des conditions de ressources : si les revenus de la personne survivante dépassent un certain seuil, elle n'a pas droit à la réversion. Ailleurs, il n'y a pas de conditions de ressources.

Le remariage

Il existe aussi des conditions portant sur le remariage : la pension de réversion est supprimée en cas de remariage à Agirc-Arrco et Ircantec, et supprimée aussi en cas de pacs ou concubinage dans la fonction publique. Le remariage est possible au régime général avec l'attribution de la pension au prorata des différentes durées de mariage.

Les conditions d'âge

Il n'y a pas de conditions d'âge pour percevoir la réversion dans la fonction publique. Pour le régime général, pour Agirc-Arrco et Ircantec, l'âge minimal est de 55 ans. Selon les autres régimes, l'âge varie entre 55 et 65 ans.

Annexe 7
Une comparaison des pensions de réversion dans le système actuel et dans le projet Delevoye

Le projet de réforme de Delevoye de 2019 annonçait un progrès pour la pension de réversion, mais en réalité il représentait un recul (voir *supra*, « La pension de réversion : un recul sous différents aspects », p. 91) notamment sur le calcul de la pension.

Envisageons le cas d'un couple avec une pension de la femme de 1 000 euros/mois, et faisons varier la pension de l'homme entre 1000 et 2000 euros/mois. Et faisons cette hypothèse : la pension est basée sur une répartition de 70 % pour la pension du régime général et de 30 % pour la pension complémentaire. C'est la répartition moyenne pour ces niveaux de pension. Actuellement, le taux de la pension de réversion est de 54 % dans le régime général, et 60 % dans le régime complémentaire. La pension de réversion est donc égale à :

(0,54 x 0,7 + 0,6 x 0,3) x pension du conjoint décédé = 0,558 pension du conjoint décédé

Dans le projet Delevoye, la pension de réversion était égale à :

$0{,}7 \times (P_{\text{personne survivante}} + P_{\text{personne décédée}}) - P_{\text{personne survivante}}$

Le tableau à côté présente la pension de réversion pour chacun des conjoints, dans le système actuel et dans celui projeté, pour la pension de la femme égale à 1 000 euros/mois, et la pension de l'homme variant entre 1000 et 2000 euros/mois.

On constate que le nouveau calcul est défavorable dans tous ces cas à chacun des deux conjoints. La perte aurait par exemple été de 158 euros par mois pour des conjoints ayant des pensions pourtant modestes de 1 000 euros.

Pension femme	Pension homme	A Réversion femme actuelle	B Réversion femme projetée	A-B Perte femme	C Réversion homme actuelle	D Réversion homme projetée	C-D Perte homme
1000	1000	558	400	158	558	400	158
1000	1200	669,6	540	129,6	558	340	218
1000	1400	781,2	680	101,2	558	280	278
1000	1600	892,8	820	72,8	558	220	338
1000	1800	1004,4	960	44,4	558	160	398
1000	2000	1116	1100	16	558	100	458

Table des matières

Annexes

Achevé d'imprimer en mars 2023 par Corlet Imprimeur - 14110 Condé-en-Normandie
Dépôt légal : mars 2023 - N° d'imprimeur : 23030713 - Imprimé en France